Oswald Chambers
WAS IHR BITTEN WERDET

Oswald Chambers

Was ihr bitten werdet

bitten werdet

Von der Macht des Gebets

FRANCKE

Verlag der Francke-Buchhandlung GmbH

Die Deutsche Bibliothek — CIP-Einheitsaufnahme

Chambers, Oswald:
Was ihr bitten werdet: Von der Macht des Gebets / Oswald Chambers
[Dt. von Marie-Luise Rusche].
Marburg an der Lahn: Francke, 1991
(Das erweckliche Wort — Klassiker)
ISBN 3-88224-916-1

3. Auflage 1995

Originaltitel: If you will ask
© 1958 by Oswald Chambers Publications Association Limited,
South Croydon, Surrey, England
© der deutschsprachigen Ausgabe
1991 by Verlag der Francke-Buchhandlung GmbH
3550 Marburg an der Lahn
Deutsch: Marie-Luise Rusche
Umschlaggestaltung: Uno-Design, Baden-Baden
Satz: Druckerei Schröder, 3552 Wetter/Hessen
Druck: Schönbach-Druck GmbH, 6106 Erzhausen

Das erweckliche Wort — Klassiker

Inhaltsverzeichnis

Vorwort des Herausgebers

„Oswald Chambers' Gebetsleben bestand aus der Fürbitte für andere. Selten bat er um etwas Besonderes für sich. Sein ganzes persönliches Verhalten Gott gegenüber war das einer harmonischen Beziehung zu seinem himmlischen Vater und einer absolut kindlichen Abhängigkeit von ihm" (John S. Skidmore).

Die Begriffe wie Abhängigkeit, Vertrauen und Notwendigkeit werden in diesem Buch beleuchtet. Für Oswald Chambers war das Gebet mehr als nur ein Wunschzettel, den man Gott überreicht, sondern der Weg, Gott kennenzulernen und zu verstehen.

Durch dieses Buch gewinnen wir eine klare Vorstellung vom Sinn des Gebets. Chambers meint, die heutigen Jünger Jesu sollten sich mehr darauf konzentrieren, wie das Gebet sie selbst verändert und nicht nur die äußeren Umstände. Das Gebet soll uns mit Gott in Einklang bringen, nicht umgekehrt. Es soll das „Leben aus Gott in uns" verwirklichen und dient nicht der Selbstverwirklichung.

Chambers' Stil ist in diesem Werk, ebenso wie in seinen anderen Schriften, kurz und anschaulich, theologisch unkritisch und persönlich ansprechend. Er betont den Wert der Wahrheit im Leben und in der Gedankenwelt des Einzelnen. Er setzt die Autorität der Heiligen Schrift voraus und erbaut die Seele des Gläubigen in einer ihm eigenen, unnachahmlichen Weise. Sein Ziel war Christus. Ihm gehörte sein Herz.

Wir, als die Herausgeber dieser Schrift, laden Sie ein, das große Thema des Gebets mit den Worten von Oswald Chambers zu überdenken. Wenn wir diesem von Gott erwählten Jünger in Gottes Audienzsaal folgen, wird die Wahrheit der Heiligen Schrift unser Leben verändern.

1. Was ist das Gute am Gebet?

So ermahne ich nun vor allem zu Bitte, Gebet, Fürbitte und Danksagung für alle Menschen, für den Kaiser und für alle Regierenden, damit wir in aller Frömmigkeit und Ehrbarkeit ein ruhiges und stilles Leben führen können. Dies ist gut und gefällt Gott, unserem Heiland, welcher will, daß allen Menschen geholfen wird und sie zur Erkenntnis der Wahrheit kommen. Denn es ist nur ein Gott und Mittler zwischen Gott und den Menschen, nämlich der Mensch Christus Jesus, der sich selbst gegeben hat zur Erlösung für alle. Das sollte zur rechten Zeit bezeugt werden, und dazu bin ich als Prediger und Apostel eingesetzt — ich sage die Wahrheit und lüge nicht —, als Lehrer der Heiden im Glauben und in der Wahrheit. So will ich nun, daß Männer an allen Orten beten und dabei reine Hände ohne Zorn und Streit erheben.

(1. Timotheus 2,1-8)

Wenn ein Mensch vollständig im dunkeln tappt und nicht mehr weiß, wie sich die Dinge weiterentwickeln werden, neigt er dazu, ernsthaft zu beten. Das Gebet gehört nicht automatisch zum natürlichen Leben. Mit „natürlich" meine ich das alltägliche, sichtbare, aktive Leben, das sich mit den Dingen dieser Welt befaßt. Manche Leute behaupten zwar, der Mensch würde leiden, wenn er nicht betet. Das bezweifle ich. Das Gebet unterbricht nämlich seine persönlichen Ambitionen, sein Hobby oder auch seine ehrgeizigen Bestrebungen. Und kein Mensch, der anderweitig beschäftigt ist, hat Zeit zum Beten. Was in dem Menschen dann leidet, ist das neue Leben aus Gott; denn das wird nicht durchs Essen und Trinken ernährt, sondern durch das Gespräch mit Gott.

Es bringt gar nichts, wenn wir das Gebet als ein Mittel zur eigenen, inneren Weiterentwicklung betrachten. Das finden wir nicht in der Bibel. Beten ist etwas anderes als meditieren. Beten entwickkelt und nährt das göttliche Leben in uns. Wenn ein Mensch wiedergeboren wird, beginnt das neue Leben, wie es im Sohn Gottes war, als er auf dieser Erde wandelte. Man kann dieses neue Leben entweder verhungern lassen oder nähren und stärken.

Das Gebet nährt das Leben aus Gott. Unser Herr Jesus stärkte dieses göttliche Leben in sich durchs Gebet. Jesus Christus war fortwährend in Verbindung mit dem Vater. Wir benutzen das Gebet normalerweise dazu, allerlei Dinge für uns selbst zu erbitten. Doch nach der Bibel soll uns durch das Gebet Gottes Heiligkeit, sein Plan und sein Wille offenbar werden. Unsere übliche Art zu beten finden wir nicht in der Bibel.

Erst in einer echten Notsituation betet man spontan und überlegt. Es sprudelt aus uns heraus. „Die zum Herrn riefen in ihrer Not, und er half ihnen aus ihren Ängsten" (Psalm 107,13). Wenn wir in die Enge getrieben werden, ist es aus mit unserer Logik. Dann beten wir so, wie es uns ums Herz ist.

„Euer Vater weiß, was ihr nötig habt, bevor ihr ihn bittet" (Matthäus 6,8). Warum ihn also überhaupt bitten? Ganz offensichtlich stimmt unsere Auffassung vom Gebet nicht mit der Jesu Christi überein. Bei Jesus Christus ist das Beten nicht einfach eine Möglichkeit, etwas von Gott zu verlangen. Wir sollen den Vater im Gebet kennenlernen. Es geht nicht um das Vorrecht eines verwöhnten Kindes, das seinen Wunschzettel vor den Vater bringt. Es geht nicht darum, geeignete Bedingungen für die eigenen geistlichen Wünsche und Neigungen zu finden. Der eigentliche Sinn des Gebets besteht darin, uns die Gegenwart Gottes zu offenbaren, der zu jeder Zeit und in jeder Situation gegenwärtig ist.

Ein Mensch mag meinen: „Wenn der Allmächtige bereits alle Dinge beschlossen hat, warum sollte ich dann noch beten? Wenn Gott schon seinen Plan hat, wie könnte ich so vermessen sein zu glauben, ich könnte Gottes Sinn durch mein Gebet ändern?" Doch wir sollten unterscheiden zwischen Gottes weisem Plan und dem, was Gott zuläßt. Gottes Plan offenbart uns Gottes eigentliches Wesen. Was er jedoch zuläßt, ist etwas anderes. So sollte es nach Gottes Plan gar keine Sünde geben, kein Leid, keine Krankheit, keine Behinderung und keinen Tod. Doch er läßt das alles zu. Gott hat es auch zugelassen, daß Menschen unter traurigen Umständen geboren wurden. Und wir gelangen nur durchs Gebet, also durch unsere eigenen Bemühungen, ins Reich Gottes, von dem Jesus sagte, es sei inwendig in uns. Doch Gottes Kinder sind nach dem Neuen Testament nicht nur Gottes Geschöpfe. Sie sollen auch wesensmäßig in die Gottähnlichkeit hineinwachsen.

Ich frage mich manchmal, ob alle, die beständig nach Gebetsstunden rufen, überhaupt die Grundlagen des Gebets kennen. Oft ist unser Beten nur ein Überschwall religiöser Gefühle, ein Zeichen überreizter Nerven. Jesus sagte, wir sollen in seinem Namen beten, das heißt, in seiner Liebe. Und seine Liebe wird ausgegossen durch den Heiligen Geist in unsere Herzen, wenn wir wiedergeboren werden (vergl. Lukas 11,13 und Römer 5,5). Jesus versprach auch nicht, in jeder Gebetsstunde dabeizusein, sondern „in denen zwei oder drei versammelt sind in Jesu Namen", das heißt, in seiner Liebe (Matthäus 18,20). Jesus Christus schenkt religiösem Geschwätz keine Aufmerksamkeit. Seine Worte: „Wenn ihr betet, sollt ihr nicht viel plappern wie die Heiden; denn sie meinen, sie würden erhört, wenn sie viele Worte machen" erinnern uns daran, daß unsere schönen und vielen Worte uns niemals in Gottes Nähe bringen. Das geschieht allein durch das Sühneopfer Jesus Christi (vergl. Hebr. 10,19).

Als unser Herr über das Beten sprach, erwähnte er nie die Möglichkeit, Gebete könnten nicht erhört werden. Er sagte vielmehr, Gott antworte immer aufs Gebet. Unsere Gebete in Jesu Namen werden jedoch nicht in Übereinstimmung mit uns, sondern nur mit ihm beantwortet. Wir vergessen das leicht und behaupten unüberlegt, Gott antworte nicht auf alle Gebete. Er tut es aber immer! Und wenn wir in enger Verbindung mit ihm leben, erkennen wir, daß wir niemals falsch geführt wurden.

„Bittet, und es wird euch gegeben werden." Leider murren wir oft lieber vor Gott, rechtfertigen uns oder sind gleichgültig und bitten nur um sehr wenig. Doch welch eine herrliche Kühnheit darf ein Kind Gottes an den Tag legen, das wirklich wie ein Kind bittet! „Wenn ihr nicht werdet wie die Kinder . . ." Jesus sagte: „Bittet . . . Gott wird geben" (Johannes 11,22). Geben wir Jesus Christus eine Chance, geben wir ihm Handlungsspielraum! Aber niemand tut es ernstlich, bevor er nicht mit seiner eigenen Weisheit am Ende ist. Oft fangen Menschen erst in einem Krieg richtig an zu beten. Und es ist auch durchaus keine Feigheit, wenn wir in auswegloser Situation beten. Es ist einfach der einzige Weg, um mit der Realität Gottes in Berührung zu kommen. Solange wir selbstzufrieden und selbstgefällig sind, haben wir es nicht nötig, Gott um irgend etwas zu bitten. Erst wenn wir unsere Ohnmacht erkennen, sind wir bereit, auf Jesus Christus zu hören.

Unser Herr sagte auch: „Wenn ihr in mir bleibt, werdet ihr bitten, was ihr wollt" (Johannes 15,7). Man könnte auch sagen: . . . werdet ihr bitten um etwas, das euch ein Herzensanliegen ist." Wie leicht neigen wir jedoch zum falschen Überschwang der Gefühle! Oder wir sprechen die Fürbittengebete ganz mechanisch. Unsere Herzen sind nicht dabei. Jesus sagte einmal zu zwei seiner Jünger: „Ihr wißt nicht, was ihr bittet" (Markus 10,38).

Seien wir deshalb aufrichtig vor Gott und sagen ihm alle Probleme, bei denen wir mit unserem Latein am Ende sind. Jesus Christus versprach, daß unsere ernsthaften Gebete beantwortet würden. Beten wir allerdings nur mit halbem Herzen, so kann man das sehr bald an unserer Lebensweise ablesen.

Nach dem Neuen Testament offenbart sich der Sohn Gottes in denen, die neues Leben von ihm empfangen haben. Das Gebet will dieses neue Leben in uns stärken, daß wir uns keine unnützen Sorgen mehr machen. Unsere Sorgen verbauen uns den Weg und lassen uns manchmal an Gott irre werden. Jesus Christus sagte: „Sorget nicht um euer Leben. Fürchtet euch nicht vor denen, die den Leib töten können. Seid aber besorgt und bemüht, das zu tun, worauf euch der Geist Gottes hinweist."

„Sagt Gott, dem Vater, allezeit Dank für alles." Wir wollen uns von nichts in die Enge treiben lassen, daß wir keinen Ausweg mehr sehen. Sonst zersorgen und zergrämen wir uns am Ende ganz. Sorgen machen egozentrisch und zerstören das, was das Leben Gottes in uns gestärkt hat. Danken wir Gott, daß er allgegenwärtig ist, ganz gleich, was geschieht. Viele haben Gott mitten in der Hölle eines Krieges gefunden. Sie wußten nicht mehr ein noch aus und fanden Gott. Das Geheimnis der Ruhe des Christen liegt nicht in seiner Gleichgültigkeit. Sie gründet in dem Wissen: Gott ist mein Vater. Er liebt mich. Er vergißt mich nicht. Er denkt an alles. Darum sind Sorgen unnötig.

Man sagt zwar: „Gebet verändert die Dinge", doch mehr noch ändert es uns selbst. Und dann ändern wir die Dinge. Deshalb sollen wir nicht Gott bitten, das zu tun, wozu er uns eigentlich geschaffen hat. Jesus Christus ist kein sozialer Reformer. Er kam vor allem, uns innerlich zu verändern. Und wenn dann irgendwo auf der Erde eine soziale Reform durchgeführt werden muß, sollen wir das als veränderte Menschen tun. Gott hat es so geordnet, daß die Gebete seiner Kinder eine Änderung der Perspektive bewirken. Gebete ändern die Dinge nicht äußerlich, aber sie wirken in uns Wunder. Wenn wir beten, bleiben die äußeren Umstände bestehen, doch wir selbst werden anders. Wenn wir uns verlieben, ist es ähnlich. Die äußeren Umstände sind noch die gleichen, aber in unserem Herzen dreht sich nun alles um den anderen, den geliebten Menschen. Das verklärt nun alles und gibt allem einen neuen Glanz. Wenn wir wiedergeboren sind, wenn Christus in uns Gestalt gewonnen hat, sehen wir alles anders. „Ist jemand in Christus, so ist er eine neue Schöpfung" (2. Korinther 5,17).

Das Gute am Gebet ist, daß wir Gott näher kennenlernen und ihm die Möglichkeit einräumen, seinen Plan durch uns wirksam werden zu lassen. Das hat nichts mit dem zu tun, was er sonst noch zuläßt. Wir sind niemals, was wir sind, trotz der äußeren Umstände, sondern gerade wegen dieser Umstände. Jemand sagte einmal: „Die äußeren Umstände sind wie Federbetten. Wenn wir auf ihnen liegen, sind sie sehr weich und angenehm. Doch wenn sie auf uns liegen, können sie uns erdrücken." Jesus Christus hält uns durch seinen Heiligen Geist über den äußeren Umständen.

Was ist das Gute am Gebet?

Wir brauchen es (Lukas 11,1)!
menschliches Wissen ist begrenzt: Psalm 107,13.19.28
menschlicher Wille ist begrenzt: Römer 8,26
Menschliche Weisheit ist begrenzt: Jakobus 1,5
– *Gebet verändert uns* –

Wir müssen es tun (Lukas 18,1),
wenn wir Gott kennenlernen wollen: Matthäus 6,8
wenn wir Menschen helfen wollen: Johannes 14,12+13
wenn wir Gottes Willen tun wollen: 1. Johannes 5,14-16
– *Gebet verändert andere* –

Wir können es tun (Jakobus 5,16),
indem wir bitten: Johannes 15,7
indem wir suchen: Lukas 11,9-13
indem wir anklopfen
– *Gebet verändert die äußeren Umstände durch uns* –

„Herr, wie schön ist diese stille Stunde am Morgen mit Dir!"

„Herr, wie wunderbar ist diese stille Stunde mit Dir!
Nun wird meine Seele sich an Dich, den Schöpfer der Welt halten;
durch meinen Herrn Jesus Christus, der das neue Leben in mir geschaf-
fen hat. Dank sei Dir für Deinen Heiligen Geist, mit dem ich Dich
von Herzen anbeten kann! Womit sollte ich wohl dem Herrn alle Seg-
nungen bezahlen? Ich will den Kelch des Heils annehmen. Gibt es
etwas, das schöner wäre und vollkommener in der Hingabe und inne-
ren Verbundenheit und Dankbarkeit, als von Dir etwas anzuneh-
men?"

„Herr, möge an diesem Tag Dein sanfter Friede, Deine Schönheit und
Gnade auf und in mir ruhen! Gib, daß kein Wind und Wetter, kein
Krieg und keine Angst diesen inneren Frieden und diese innere Schön-
heit zerstören können!"

2. Das Geheimnis der heiligen Einfalt des Gebets

Wachet und betet, damit ihr nicht in Anfechtung fallt! Der Geist ist willig; aber das Fleisch ist schwach.

(Matthäus 25,41)

Diese Worte wurden von Jesus in einem Augenblick höchster innerer Not gesprochen. Wir sind sehr leichtfertig, wenn wir das vergessen. Kein Wort, das unser Herr sprach, hat mehr Gewicht. Wir wollen uns nun mit der heiligen Einfalt des Gebets befassen. Wenn uns das Beten nicht leicht fällt, stimmt etwas bei uns nicht. Es gibt nur eine Art von Menschen, die richtig beten. Das sind die Heiligen, die wie die Kinder bitten, die unkomplizierten, unklugen Kinder Gottes. Ja, ich meine wirklich *unklug.*

Wir versuchen oft mit unserer Klugheit zu erklären, warum Gott aus irgendeinem vernünftigen Grund Gebete erhört. Das ist Unsinn. Gott erhört Gebete allein auf dem Grund der Erlösung. Wir dürfen nie vergessen: unsere Gebete werden nicht deshalb erhört, weil wir es so ernst meinen oder weil wir so sehr leiden. Unsere Gebete werden erhört, weil Jesus Christus gelitten hat. Weil unser Herr Jesus Christus im Garten Gethsemane und auf Golgatha durch die tiefsten Tiefen innerster Not ging, haben wir die Kühnheit oder „die Freiheit, zu treten in das Heiligtum" (vergl. Hebräer 10,19).

Darum wollen wir gemeinsam über den Kidron in den Garten Gethsemane gehen. Wir können Jesu Gebetskampf dort nie ganz begreifen; denn hier kämpft kein Mensch. Vielmehr ist hier Gott im Menschen — oder besser: Gott als Mensch — in größter Bedrängnis. Keine Phase dieses Gebetskampfes ist menschlich. Darum wird ihn menschlicher Verstand nie vollständig begreifen. Aber wir werden ihn wenigstens nicht mißdeuten, wenn wir ihn unter verschiedenen Gesichtspunkten betrachten. Hüten wir uns jedoch immer davor, unsern Herrn als einen außergewöhnlichen Menschen zu betrachten. Er war es nicht. Er war die fleischgewordene Verkörperung Gottes.

Wenig beachtete Worte unseres Herrn

Wachet und betet ...

„Bleibt hier und wachet mit mir." Geht es auch in unseren Gebeten um dieses Wachen, um das Jesus Christus seine Jünger bat? Er sagte nicht „betet für alles" oder „bittet Gott um alles". Seine ganze Beziehung zu den Jüngern lag in den Worten: „Wachet mit mir." Unser Herr sagte keine frommen, sentimentalen Worte über das Beten, sondern praktische und realistische — wie in diesem Fall.

Vielleicht liegt unser größtes Problem darin, daß unser Herr nicht unser Meister ist. Wir gebrauchen zwar gern das Wort „Meister", doch wir tun es mehr oder weniger aus Gewohnheit. In Wirklichkeit haben wir gar nicht vor, Jesus unsern Meister sein zu lassen. Vertrauter und angenehmer ist uns Jesus eher als Heiland, als jemand, der uns heilt und geheiligt — eine Art „übernatürlicher Kamerad". Wir setzen große Stücke auf das, was er tut, weniger auf das, was er ist.

Die richtige Platzanweisung durch unseren Herrn. „Setzt euch hierher, während ich dorthin gehe und bete." In gewisser Hinsicht ist es richtig, unsern Herrn als Vorbild unseres Betens zu nehmen, doch im tiefsten Sinn ist er das nicht. Die Beziehung, die wir zu Gott haben, ist nicht dieselbe, die Jesus zu seinem Vater hatte — ganz besonders nicht im Garten Gethsemane. Hier ging es nicht nur um seine Beziehung zum Vater. Hier ging es um die Erlösung. Wenn wir die Gewißheit dieser Erlösung haben, sollen wir hier „sitzen und warten". Manchmal sagen Leute: „Warum willst du deine Zeit in einer Bibelstunde vergeuden? Unvorstellbar, immer nur die Bibel zu studieren! Denk an die vielen Menschen, um die du dich lieber kümmern solltest. Denk an die abertausend Dinge, die es zu tun gibt." Gewiß, sie müssen getan werden, aber darum geht es hier gar nicht. Es stellt sich uns vielmehr die Frage, sind wir offen für die Platzanweisung unseres Meisters? Er sagte: „Setzt euch hierhin, während ich dorthin gehe und bete!" Messen wir wirklich der Tatsache genügend Gewicht bei, daß wir nicht unser eigener Meister sind? Gelten wir als Verehrer oder Jünger Jesu Christi? Er sagte zu seinen Jüngern: „Setzt euch hierher." Wären sie wie wir, hätten sie vielleicht geantwortet: „Nein, das ist absurd. Wir müssen aufstehen und sofort etwas dagegen unternehmen!"

Je tiefer wir in die Atmosphäre des Neuen Testaments eindringen, um so mehr entdecken wir diese unfaßbare und ruhige Ausgeglichenheit im Leben Jesu, selbst noch im Todeskampf. Unsere Schwierigkeiten liegen darin, daß unsere Freunde auf unseren Gehorsamsweg antworten werden: „Alles schön und gut, aber was wäre, wenn das alle tun würden?" Unser Herr sagte nicht zu allen Jüngern, sie sollten sich hinsetzen und wachen, während er beten wollte. Er sagte es nur zu drei Jüngern. Es geht darum, die in unseren Augen zufälligen Ereignisse unseres Lebens als Führungen Gottes anzusehen. Wenn wir Jesus Christus als Herrn und Meister annehmen, müssen wir akzeptieren, daß nichts dem Zufall überlassen bleibt. Dann wissen wir, daß Gott die äußeren Umstände in seiner Hand hat. Übertriebene Geschäftigkeit, stümperhafte Vorsorge sowie dilettantisches Planen hören auf. Wir wissen dann, daß „denen, die Gott lieben, alle Dinge zum Besten dienen". Wenn Jesus darum sagte: „Setzt euch hierher, während ich dorthin gehe und bete", dann ist es für uns das einzig Richtige, uns *hierher* zu setzen und zu wachen.

Festgelegte Plätze für die Jünger des Herrn. „Und er nahm Petrus und die zwei Söhne des Zebedäus mit sich." Unser Herr ließ diese drei Jünger seine innerste Bedrängnis miterleben. Sinnbildlich mag Petrus dabei für die erste Versuchung stehen, die unsern Herrn hier bedrängte: die vernunftgebundene, fleischliche Seite. Jakobus steht vielleicht für die ausgeprägt rituelle Seite und Johannes für die dritte Versuchung, nämlich um eines leichten Sieges willen Kompromisse zu schließen. Diese drei Jünger wurden von Jesus auserwählt, seine Qual im Gebetskampf mitzuerleben. „Bleibt hier und wachet mit mir." Er nahm sie nicht mit, damit sie dort einschlafen sollten. Die zwölf Jünger waren alles, was er besaß. Und er wußte, daß einer von ihnen gegangen war, um ihn zu verraten. Er wußte auch, daß Petrus ihn bald schwörend und fluchend verleugnen würde. Und er wußte auch, daß alle Jünger ihn verlassen und fliehen würden. Dennoch nahm er diese drei Jünger trotzdem mit sich, damit sie ihm ins bedrängte Herz sehen konnten. Doch sie schliefen alle aus eigenem Kummer ein.

Autobiographischer Teil des Seelenkampfes unseres Herrn. „Sie wurden bekümmert und sehr betrübt." Unser Herr sagte diesen Jüngern etwas, das er den andern nicht gesagt hatte. — Nur in Johannes 12,27 klagt er ähnlich in einem Monolog: „Jetzt ist meine Seele betrübt. Und was soll ich sagen?" — Hier sagte er zu den dreien: „Meine Seele ist betrübt bis an den Tod" (Matthäus 26,38). Haben wir Jesus nur einen Augenblick beim Gebet beobachtet?

Haben wir je verstanden, warum der Heilige Geist — und durch ihn unser Herr selbst — so ganz besonders vorsichtig und zurückhaltend diese Geschichte vom Gebetskampf in Gethsemane wiedergibt? Hier geht es nicht um die innere Not eines Menschen oder Märtyrers. Hier ringt in dem Sohn „Gott als Mensch" und geht damit die letzten Schritte der allumfassenden, übernatürlichen Erlösung der Menschheit.

Wir sollten vielmehr Zeit als gewöhnlich damit verbringen, über die fundamentalen Wahrheiten nachzudenken, die der Geist Gottes in uns zur Erfahrung werden läßt. Solche fundamentalen Wahrheiten sind die Erlösung und die persönliche Gegenwart des Heiligen Geistes. Beide haben ihren Brennpunkt in einer einzigen, mächtigen Persönlichkeit: im Herrn Jesus Christus. Gott sei Lob und Dank, daß er die Erfahrung des Erlöstseins in jedem einzelnen Menschen durch das lebendige Wirken des Heiligen Geistes bestätigt!

Vergessen wir niemals: was uns das Beten erleichtert, ist nicht unsere Weisheit, nicht unser Verstand, sondern dieses gewaltige Ringen Gottes um unsere Erlösung. Ein Ding ist soviel wert, wie es kostet. Entscheidend ist hier nicht unser eigenes Gebet. Entscheidend ist, was es Gott kostete, uns zum rechten Beten zu bringen. So geschieht es, daß ein kleines Kind recht beten kann. Es kostete unseren Herrn soviel, daß jeder von uns beten kann. Doch es wird Zeit, daß jeder unter uns, der seinen Namen anruft, auch das Geheimnis dieses Preises kennt. Und das Geheimnis lautet: „Meine Seele ist betrübt bis an den Tod!" Diese Worte öffnen die Tür zur Autobiographie unseres Herrn. Hier erfahren wir etwas über seine innere Not. Wir finden den eigentlichen Schlüssel zu Gethsemane in Matthäus 4, wo über die Versuchung Jesu berichtet wird. Wir lernen dort keine Versuchung kennen, wie wir Menschen sie durchzustehen haben. Das denken wir aber leider oft, wenn wir die Versuchungsgeschichte Jesu betrachten. Doch hier geht es um Versuchungen, in denen Gott als Mensch darum ringt, auch noch die letzte Strecke der in der Menschheitsgeschichte so wichtigen Erlösung gehen zu können.

„Diese Wahrheit ist mir zu hoch", meinen wir? Warum auch nicht? Sollen wir etwa nur mit „Brei" hochgepäppelt werden, anstatt mit derber Kost? Wird es nicht langsam Zeit, mehr Aufmerksamkeit darauf zu lenken, was es Gott kostete, daß wir ein heiliges Leben führen dürfen? Wir reden nur davon, wie schwierig es sei, ein geheiligtes Leben zu führen. Doch die Hand des Allmächtigen machte es absolut leicht, weil es unserem Herrn soviel kostete. Hüten wir uns davor zu klagen, das Beten fiele uns so schwer! Es kostet Gott alles, um es uns zu ermöglichen. Jesus sagte nicht zu den Männern: „Ringet mit mir." Er sagte: „Wachet mit mir." Unser Herr versuchte, ihnen den Schleier von den Augen zu ziehen, damit sie erkannten, durch was er hindurchgehen mußte. Denken wir einmal darüber nach, daß hier der Sohn Gottes, der allwissende Geist unseres Herrn Jesu Christi, spricht: „Meine Seele ist betrübt bis an den Tod; bleibt hier und wacht mit mir."

Verführerische falsche Wege zum Reich Gottes

... damit ihr nicht in Anfechtung fallet

Wann auch immer Jesus über sein Reich sprach, mißverstanden ihn seine Jünger und meinten, er wolle ein weltliches Reich auf dieser Erde gründen. Doch Jesus sagte: „Mein Reich ist nicht von dieser Welt. Wäre es von dieser Welt, so würden meine Diener darum kämpfen, daß ich den Juden nicht übergeben würde." Und er sagte auch: „Das Reich Gottes ist inwendig in euch."

Um vor dem Reiz der falschen Wege zum Reich Gottes sicher zu sein, müssen wir tun, was unser Herr uns befahl: „Wachet und betet, damit ihr nicht in Anfechtung fallet." Falls wir nicht wachen und beten, werden wir in Versuchung geführt, bevor wir merken, was gespielt wird. „Doch wenn der Menschensohn kommt, wird er dann etwa solchen Glauben finden auf Erden?" fragte Jesus. Er wird ihn in einzelnen Männern und Frauen finden; aber im großen und ganzen sind die organisierten christlichen Kirchen bis dahin wohl fast alle dem Reiz der falschen Wege erlegen.

Der irdische Weg der Befreiung (Matthäus 4,1-4). „Bist du der Sohn Gottes, so sprich, daß diese Steine Brot werden." Diese Versuchung ist durchaus menschlich. Welch herrliche Sache wäre es, wenn wir Mittel und Wege fänden, jede Krankheit zu heilen, jeden Hunger zu stillen und jede soziale Not zu lindern! So würde man heute gern das Reich Gottes auf dieser Erde gründen und will nichts mehr hören vom Sühneopfer Christi und von seinem vergossenen Blut. Es wird betont, heute sei es notwendig, das eigene Blut für andere zu opfern. Darin besteht der Reiz des falschen Weges. Wir können uns ihm nicht entziehen, wenn wir nicht wachen und beten. „Wachet mit mir", sagte Jesus, „ich bin der einzige Weg zum Reich Gottes."

Wir sollten mit ihm in diesen Versuchungen aushalten. „Sprich, daß diese Steine Brot werden." Mit anderen Worten sagt hier Satan: „Stille deinen eigenen Hunger und den Hunger der anderen. Dann wirst du von den Menschen zum König erwählt werden." Hatte Satan recht? Johannes 6,15 heißt es: „Als Jesus nun merkte, daß sie kommen würden, um ihn mit Gewalt zum König zu machen, zog er sich wieder auf den Berg zurück, allein." Warum? Er hatte doch gerade erst fünftausend von ihnen gespeist! Dennoch zog Jesus sich zurück ... allein. Um diesen Preis wollte er nicht ihr König werden.

Der Weg mystischer Frömmigkeit (Matthäus 4,5-7). In diesen Versen erfahren wir, wie Jesus darauf in seiner eigenen Versuchung reagierte. So sollen auch wir in dem heiligen Dienst auf den Heiligen Geist hören, auf nichts anderes.

Diese Versuchung zeigt uns einen der möglichen Auswüchse mystischer Frömmigkeit. „Du bist der Sohn Gottes. Tue etwas Wunderbares, über das die Menschen sprachlos sind. Und die Welt wird dir zu Füßen liegen." Hatte Satan recht? Absolut. Lockt der Reiz dieses Weges nicht auch heute mehr denn je? Es gibt die Beschäftigung mit dem Übersinnlichen, die zerstörerisch wirkt, wie zum Beispiel das Erwarten von Zeichen und Wundern. Fast ohne Ausnahme hat man die Menschen, die auf diesem Weg laufen, zu schnell und zu konzentriert bedrängt, um etwas Wunderbares, Außergewöhnliches für sich und andere zu beten. Etwas, bei dem Gott seine Größe beweisen kann. Es erscheint dem menschlichen Verstand zwar beglückend, wenn er sichtbare Zeichen des Heiligen Geistes erlebt. Es beweist aber das Gegenteil von dem, was unser Herz gelehrt hat. Echte Fürsorge soll anderen gelten, nicht uns selbst.

„Das Reich Gottes kommt nicht mit äußeren Zeichen", obwohl der Gedanke immer neu in den Köpfen spukt, das Reich Gottes äußerlich mit sichtbaren Zeichen und Wundern aufzurichten. Auch die Jünger hatten ihre eigenen Vorstellungen von diesem Königreich. Sie waren gegenüber Jesu Vorstellung vom Reich Gottes blind. Deshalb waren sie im Garten Gethsemane so deprimiert, daß sie vor Kummer einschliefen. „Wachet mit mir!" Wie konnten sie das? Jetzt verstanden sie ihn überhaupt nicht mehr.

Der vernünftige Weg des Herrschens (Matthäus 4,8-10). Das

ist die Versuchung, Kompromisse zu schließen. Manche meinen, das Böse ist nun einmal in dieser Welt, also schließen wir am besten mit ihm Kompromisse und arbeiten mit ihm zusammen. Satan sagt hier: „Das alles will ich dir geben, wenn du niederfällst und mich anbetest." Diese Versuchung ist die heimtückischste von allen. So wird uns zum Beispiel geraten: „Sei doch nicht so strenggläubig. Die Zeit ist längst vorbei, in der man an Satan als an eine Person glaubte." Möge Gott uns vergeben, aber wir befinden uns anscheinend genau dort. Will nicht auch die Kirche heute lieber Kompromisse schließen? Natürlich will sie das; denn genau das wünscht der natürliche Mensch. Doch es ist eine Verführung zum falschen Weg. Hüten wir uns im Angesicht dessen, der in Gethsemane litt, vor solchen uns sehr verlockend erscheinenden Angeboten!

Das Feuer ungezügelter Vision

Der Geist ist willig, aber das Fleisch ist schwach ...

Was man in einer Vision gesehen hat, kann man leicht ausführen. Wir kommen uns vor wie im siebten Himmel, weit weg von den schmutzigen Dingen dieser Welt. Eine Zeitlang ist es herrlich. Doch irgendwann müssen wir wieder auf den Erdboden zurück. Nach dem „Berg der Verklärung" folgt der Ort, an dem unser Alltag weiterläuft, und zwar in einem von Dämonen besessenen Tal. Unser Leben in diesem Tal ist die Teststrecke. Wir können uns nicht „mit den goldenen Flügeln der Morgenröte" darüber erheben und davonschweben.

Die Minuten des Triumphs. „Selig bist du, Simon, Jonas' Sohn" (Matthäus 16,17; vergl. Johannes 21,15-19). Petrus erlebte diesen Augenblick des Triumphs, doch die Teststrecke folgte hinterher. Er mußte erst durch bittere Erfahrungen und weinte Tränen der Reue, bevor Jesus zu ihm sagte: „Weide meine Schafe." Petrus wollte alles für seinen Herrn tun. Der Geist war willig, doch das Fleisch war schwach. Wir machen gern dem Fleisch Zugeständnisse. Aber wir dürfen es nicht. Wir sollen durch den Geist des Fleisches Geschäfte überwinden. Gott sei Dank, wir gehen in den Himmel, wenn wir sterben. Doch: Gott sei Dank, wir gehen nicht in den Himmel, bevor wir *sterben.* Gelegentlich dürfen wir himmlische Augenblicke erleben. Danach jedoch bewegen wir uns wieder mitten unter den alltäglichen Dingen dieser Erde. Blicken wir lieber nicht zu lange in das Feuer ungezügelter Visionen! Gott sei zwar für jede Minute des Triumphs gedankt, doch danach müssen wir uns nach dem, was wir als innere Vision hatten, erst einmal im Alltag bewähren.

Der Augenblick der Verklärung. „Da wurde er vor ihren Augen verklärt" (Matthäus 17,2). Obwohl Jesus schon auf dem Berg der Verklärung gewesen war, steht er nach der Auferstehung in der Morgenfrühe am Ufer beim „Kohlenfeuer und hat Fische darauf und Brot" (Johannes 21,9). Gott sei Dank, daß wir Jesus in dieser wunderbaren Vision verklärt sehen durften! Doch vergessen wir nicht, daß diese Vision sich im harten Alltag bewähren muß. Unsere Herrlichkeit manifestiert sich in irdenen Gefäßen, durch unsere menschlichen Hände, Füße und Augen — wo auch immer Jesus sie einsetzt und sichtbar werden läßt. Aber wir ähneln sehr dem Petrus auf dem Berg der Verklärung, als er sagte: „Herr, laß uns hier wohnen bleiben!"

Der heroische Augenblick. „Und wenn ich mit dir sterben müßte, will ich dich doch nicht verleugnen" (Matthäus 26,35). Petrus meinte genau, was er sagte. Dies war ein außergewöhnlicher Augenblick für ihn. Für Jesus Christus hätte er alles getan. Und doch verleugnete er seinen Herrn kurz darauf mit Schwüren und Verwünschungen. Petrus war kein Heuchler, aber er wachte und betete damals nicht. Seine feierliche Erklärung basierte auf der Übereifrigkeit und Großzügigkeit seines eigenen Herzens. Er wußte noch nicht, daß er eine andere Basis brauchte: die Basis der Erlösung durch den Opfertod Jesu.

Danken wir Gott für die heroischen Augenblicke des Lebens. Es ist vergleichenswert leicht, darin zu leben. Ab und zu wünschen wir uns alle einen Glorienschein. Wenn wir auf dem richtigen Platz stehen, mit bunten Glasfenstern im Rücken und in feierlicher Bekleidung, dann ist es nicht schwer, entsprechend würdig auszusehen. Hüten wir uns jedoch vor solchen heroischen Augenblicken der Zurschaustellung! Sie bringen nichts und enthalten höchstens verborgene Gefahren. Vorsicht, Fußangeln! Manche Leute erleben solche erhabenen Augenblicke. Dann kommen andere und himmeln sie an, und die so Herausgestellten versuchen daraufhin, immer in solch einem Glorienschein zu leben. Wir müssen jedoch alle wieder hinunter auf die Stufe der Alltagsrealitäten, zu dem Punkt, an dem es heißt: Wachet und Betet! Und welches Geheimnis steckt dahinter? Das Gebet verleiht uns die Kraft zum rechten

Wandel, zu einem Leben, in dem wir nicht schwach werden und falsche Kompromisse schließen. Das kommt allein vom Herrn, nicht von uns selbst.

„Herr, ich komme zu Dir, um Gnade zu finden, damit ich Dich in rechter Weise anbeten und preisen kann!"

„Herr, schenke uns Deine Gunst, sende uns Deine Kraft und königliche Gnade!"

„Herr, wie gut ist es für mich, daß ich dich kennen darf. Wie notwendig ist es, daß ich nahe zu Dir gezogen werde! Wie könnte ich straucheln, wenn Du mich hältst!"

„Herr, unser Gott, Vater unseres Herrn Jesus Christi, dessen wahres Ebenbild Jesus Christus ist, ich blicke auf Dich, wenn ich mein Gebet spreche. Segne mich in dieser Stunde mit Deiner Gegenwart und dem Glanz Deiner Nähe; denn ich vertraue Dir und hoffe allein auf Dich!"

3. Das Geheimnis des heiligen Gebetskampfes

Denn wir haben nicht mit Fleisch und Blut zu kämpfen, sondern mit den Mächtigen und Gewaltigen, mit den Beherrschern dieser finsteren Welt, mit den bösen Geistern zwischen Himmel und Erde. Deshalb ergreift die Waffenrüstung Gottes, damit ihr an dem bösen Tag widerstehen und alles überwinden und das Feld behalten könnt. So steht nun fest, umgürtet mit Wahrheit und gerüstet mit dem Panzer der Gerechtigkeit, und tragt als Schuhe die Bereitschaft, das Evangelium des Friedens zu verkündigen. Vor allem aber ergreift den Schild des Glaubens, mit dem ihr alle feurigen Pfeile des Bösen auslöschen könnt, und nehmt den Helm des Heils und das Schwert des Geistes, das ist das Wort Gottes.

(Epheser 6,12-19)

Paulus nimmt hier das Bild eines kämpfenden Soldaten für das, was sich im Leben eines Heiligen abspielt. Diese Waffenrüstung Gottes ist für das Gebetsleben gedacht; denn das Gebet reizt Satan zum Angriff. Der Feind kämpft gegen die rechte Gebetshaltung und gegen die Einfachheit des Gebets. Weil es Gott soviel gekostet hat, ist das Beten wirklich für uns einfach. Weil Gott uns erlöst hat, weil Gott durch Jesu Opfertod schon das Lösegeld für uns bezahlt hat, darum ist unsere Errettung so mühelos für uns und unser Gebet so einfach. Wenn wir betonen, was uns das Beten kostet, liegen wir falsch. Uns kostet das Beten gar nichts. Es ist ein außerordentliches Vorrecht, das uns so unwahrscheinlich leicht zugängig ist, weil es Gott soviel kostete.

Heutzutage neigen wir dazu, das Gebet zum Kult zu erheben. Wir betonen, wie schwierig es sei, richtig zu beten. Doch nicht das Gebet ist so mühsam, sondern die Überwindung unserer Trägheit. Wenn unser Beten auf eigenen Anstrengungen und Seelenkämpfen basiert, verkennen wir die rechte Basis des Gebets. Es geht nicht um das, was es uns kostet. Es geht darum, was es Gott kostete, uns das Beten zu ermöglichen.

Des Christen Standvermögen im Alltag

Es ist ganz schön, wenn man seine eigenen Träume und Vorstellungen von den Dingen hat, doch die Bewährung im Alltag ist unbedingt erforderlich. Wenn wir in die Enge getrieben werden, müssen wir für den Notfall gerüstet sein. Im Krieg besteht eine der größten Schwierigkeiten darin, einen Mann zu finden, der einen klaren Kopf behält, wenn alle anderen versagen. Das erreicht man aber nur durch ständige Übung. *„Deshalb ergreift die Waffenrüstung Gottes!"* Nicht, um zu kämpfen, sondern um standhaft zu sein und durchzuhalten. Uns wird hier nicht gesagt, wir sollten angreifen und das Fort der Finsternis in einer großartigen Attacke erstürmen. Von uns wird vielmehr erwartet, daß wir, ohne Panikmache und ohne uns vertreiben zu lassen, gegenüber den listigen Anläufen des Bösen standhaft bleiben; denn „in dem allem überwinden wir weit". Ein rechter Überwinder ist jemand, der kraftvoll und doch mit Leichtigkeit überwindet. Er kämpft nicht gegen Fleisch und Blut, sondern gegen mächtige und gewaltige Gegenspieler des Heiligen Geistes. Mit unserem Verstand oder dem Aufbau einer christlichen Gruppe kommen wir nicht dagegen an, auch nicht mit unserer Tapferkeit, Vorsicht oder weisen Voraussicht. Wir schaffen es einzig und allein auf dem Boden der Erlösung durch Jesu Opfertod.

„Deshalb ergreift die Waffenrüstung Gottes." Sie wird uns nicht aufgedrängt. Wir müssen sie von uns aus annehmen. Doch sie steht für uns bereit. Wir meinen oft, das Gebet sei nur für besondere Zeiten und Anlässe gut. Wir sollen aber die Waffenrüstung Gottes für die beständige Praxis des Gebets anziehen. So werden die listigen Anläufe der Kräfte der Finsternis unserer Gebetshaltung nichts anhaben können. Wir beten dann leicht und wehren Satan ab. Bereitet uns jedoch das Beten Schwierigkeiten, ist Satan im Vorteil und gewinnt einen Sieg. Dann haben wir nicht genug Übung in der Praxis des Gebets. Dann waren wir nicht standhaft genug und haben nicht auf die Anweisungen unseres Herrn geachtet. Unser Herr sagte nicht: „Geht!" oder: „Kämpft!" Er sagte: „Wachet und betet!"

Wenn wir im Gebet kämpfen, gewinnt der Feind an Boden. Wenn das Gebet uns leicht fällt, haben wir bereits gesiegt. Wie es für den Herzschlag kein Ausruhen und keine Ferien gibt, so sind auch keine moralischen oder geistlichen Ferien möglich. Wenn wir das dennoch tun, wird das nächste Gebet wieder zum Kampf; denn der Feind hat inzwischen Boden gewonnen. Finsternis senkt sich herab und geistliche Bosheit hält uns gefangen. Wenn wir kämpfen müssen, dann nur, weil wir ungehorsam waren. Wir sollten aber mehr als Überwinder sein.

„... *damit ihr das Feld behalten könnt.*" Geistliche Standhaftigkeit ist gefragt, keine Panikmache. Was versetzt uns denn in Panik? Satan ist ein höchst angriffslustiges Wesen, obwohl er keine Sekunde vor Gott bestehen kann. Stehen wir in der Waffenrüstung Gottes, wagt der Böse keinen Angriff. Wollen wir jedoch mit eigener Kraft gegen ihn angehen, sind wir verloren. Wenn wir in der Waffenrüstung Gottes dastehen, gestärkt mit Gottes Kraft und Mut, kann Satan keinen Fußbreit an Boden gewinnen. Das ist der einzige Weg, die Stellung des Gebets zu halten und von Satans Heimtücke unberührt zu bleiben.

In der natürlichen Welt spricht man von Selbstvertrauen, in der geistlichen Welt von Gottvertrauen. Wir fliehen, wenn wir nicht anhalten am Gebet, wenn wir dies nicht beständig tun. Überfällt uns dann ein listiger Angriff Satans, verlieren wir den Mut. Statt festzustehen, ergreifen wir die Flucht. Andere müssen für uns in die Bresche springen, bis wir beschämt zurückkommen. Wir können mit unserer eigenen Schlauheit gegen die Heimtücke Satans nicht ankommen. Der Böse greift uns auf eine Art an, die nur Gott kennt. Wir begreifen sie nicht. Darum können wir ihm nur begegnen, indem wir tun, was Gottes Wort uns sagt: standhalten in der Waffenrüstung Gottes, gestärkt durch den innewohnenden Heiligen Geist, in völligem Gehorsam Gott gegenüber. Wir brauchen nicht erst auf heftige Angriffe Satans zu warten. Er lauert die ganze Zeit über um uns herum. Und er ist schlau und gerissen. Das Geheimnis des heiligen Gebetskampfes besteht darin, daß wir in der Waffenrüstung Gottes standhalten und das tun, was Gott von uns erwartet. So können wir gegen alle listigen Anläufe des Bösen in der rechten Gebetshaltung festbleiben.

Wenn wir das nicht tun, sondern auf eigene Faust kämpfen, gewinnt der Feind die Oberhand, und wir müssen unsern Mangel an Disziplin als Ursache betrachten. Einige Dinge haben wir dann nicht konsequent genug durchgeführt. Wir sollen am Morgen beten. Tun wir das? Wir sollen mit Gott über der aufgeschlagenen Bibel Fürsprache halten. Tun wir das? Wir sollen überall, wohin wir gehen, mit Gott in Kontakt bleiben. Sind wir es jetzt? Ziehen wir die ganze Waffenrüstung Gottes an und halten darin stand? Dann werden die listigen Angriffe des Feindes uns nichts anhaben können.

Des Christen mutige Bereitschaft

„So steht nun fest, umgürtet mit Wahrheit" — alles aktive, entschlossene Wirken wird durch die umgürteten Lenden symbolisiert — *„und gerüstet mit dem Panzer der Gerechtigkeit".* Mit anderen Worten, wir sollen keine übermäßige Angst haben, keine fragwürdigen Freundschaften pflegen und nicht mit Falschheit und Intrigen liebäugeln. All das zerstört die Waffenrüstung. „Gerechtigkeit" bedeutet hier Geradlinigkeit und Rechtschaffenheit in unserer Beziehung zu anderen Menschen und ihren Interessen.

„Und tragt als Schuhe die Bereitschaft, das Evangelium des Friedens zu verkünden." Welche Art von Schuhen tragen wir? Wie viele können von uns sagen: „Als ich deine Schritte näherkommen hörte, fühlte ich mich besser"? Sagen sie vielleicht eher: „Als deine Schritte in mein Leben kamen, lief alles bei mir falsch"? Oder gar: „Als ich die ersten Schritte der Freundschaft mit dir ging, fing ich an, Gottes Freundschaft zu verlieren?" Ziehen wir die Waffenrüstung Gottes an! Lassen wir unsere Herzen aufrichtig vor Gott sein! Dann werden wir überall, wohin wir gehen, auch die Bereitschaft aufbringen, das Evangelium des Friedens zu verkünden. Wohin Gottes Heilige auch immer kommen, wird der Segen des Evangeliums verbreitet; denn der Geist Gottes wirkt Sündenerkenntnis.

„Vor allem aber ergreift den Schild des Glaubens." Glaube ist unbeirrbares Vertrauen in die Person Gottes, nicht nur in Gottes Macht. Es mögen Ereignisse eintreten, durch die wir den Glauben an Gott verlieren, wenn wir unser Vertrauen nur in Gottes Allmacht setzen. Außerdem scheint uns manches auf Gottes Macht hinzuweisen, was jedoch anderswoher kommt. Wir müssen Gott als unserem Vater in allem und trotz allem, was auch geschehen mag, vertrauen. „Denen, die Gott lieben, müssen alle Dinge zum Besten dienen", mahnt Paulus. Unser Vertrauen in Gottes Güte, in seine Vaterliebe, die keine Fehler macht, muß unumstößlich sein. Dann besteht dieses Vertrauen alle Prüfungen im Leben. Hiob bekennt: „Obwohl er mich schlägt, will ich ihm vertrauen." Wenn

wir den Schild des Glaubens ergreifen, sind wir dahinter gedeckt und geschützt.

„Und nehmet ... das Schwert des Geistes." Der Geist erinnert uns an das, was der Herr Jesus gesagt hat. Bei jedem Angriff kämpft Satan besonders gegen Jesu Worte an. Um aber das „Schwert des Geistes" schwingen zu können, müssen wir Gottes Wort gehorchen. Und dazu gehört ein tapferes Herz. Versuchen wir, die Worte unseres Herrn ohne diesen Gehorsam anzuwenden, wird das nur Verwirrung anrichten. Es reicht nicht, daß wir die Bergpredigt als allgemeine Richtschnur fürs Leben nehmen, ohne diesen Worten Jesu zu gehorchen. Dieser Gehorsam wird Mut kosten. Doch nur so widerstehen wir den listigen Anläufen Satans und bleiben standhaft.

Des Christen Kompetenz im Gebet

So präsentiert Gott seine Soldaten: äußerlich mit einer Waffenrüstung bekleidet und innerlich von seinem Geist bewohnt. Können wir beim Beten wirklich beten? Oder werden wir von Satans Ränken abgelenkt? Abgelenkt durch Dinge, die uns vernünftig und verlockend erscheinen? Sind wir nicht so standhaft, wie wir sein sollten? Sind in unseren Urteilen Schwarz und Weiß zu einem nichtssagenden Grau verschmolzen? Bleiben wir neutral? Nehmen wir die Sünde nicht mehr so ernst, wie wir sie eigentlich nehmen sollten? Dann haben wir den rechten Standort verlassen und befinden uns in der Hand von Verrätern. Wir geben unsere gottgewollte Position auf. Satan kann uns leicht durch einen Überraschungsangriff überwinden.

„Wachet und betet", mahnte Jesus vor seinem Gebetskampf in Gethsemane. Tun wir das nicht, dann gleiten wir, vom Glanz geblendet, auf falsche Wege ab, bevor wir es überhaupt merken. Die einzige Möglichkeit, auf rechtem Weg zu bleiben, liegt im Wachen und Beten. Und die Basis unseres Gebets ist nicht der gute Wille oder irgendeine Not des Menschen. Die Basis des rechten Gebets ist die Erlösung durch den Opfertod Jesu Christi. Und das Zentrum des Gebets ist die Person seines Heiligen Geistes. Auf einer andern Basis zu beten wäre sinnlos. So aber kann jedes Kind beten. Gott machte es durch seinen eigenen Gebetskampf möglich, daß das Beten so leicht ist, wie es sich anhört. Ein vernunftbegabtes

Wesen wie der Mensch braucht also nur zu beten — so lachhaft sich das auch anhören mag. Darum: „Haltet an am Gebet!" So unglaublich einfach ist das! Ohne Panikmache! Ohne Nervosität! Einfach frei von der Leber weg!

„Und betet allezeit mit Bitten und Flehen im Geist und . . . mit aller Ausdauer . . . für alle Heiligen." Es ist schön und gut, wenn wir Gebetsstunden haben. Doch die Frage ist, harren wir in der Waffenrüstung Gottes, gestärkt durch den innewohnenden Heiligen Geist, in der rechten Gebetshaltung aus und nehmen so Gottes Anweisungen entgegen? Oder gehen wir verlockende Kompromisse ein? Es gibt nur einen christlichen Dienst ohne Fußangeln und „Fallstricke". Das ist der Dienst des Gebets. Aber das natürliche Herz will uns am Beten hindern, ebenso wie unser überbetonter Dienst in der Öffentlichkeit. Das Gebet kennt keine Tücken, die ein Dienst in der Öffentlichkeit mit sich bringen kann. Es basiert einzig und allein auf der Erlösung durch den Opfertod unseres Herrn auf Golgatha. Und unterstützt durch den Heiligen Geist, ist es allezeit wirksam.

„Bittet auch für mich, damit . . . ich freimütig das Geheimnis des Evangeliums verkündigen kann." Wir nehmen meist an, für prominente Leute brauche man nicht zu beten. Gott würde sich schon genug um sie kümmern. Doch prominente Gottesmänner und -frauen sind besonders beliebte Zielscheiben für Satans Ränke und seine listigen Anläufe. Darum sollten wir immer für sie beten. Gott führt uns ab und zu drastisch vor Augen, was geschieht, wenn wir es nicht tun.

„Herr, allmächtiger Gott, wie freut sich meine Seele, daß Du Dich um die Spatzen kümmerst, daß sogar die Haare auf meinem Haupt gezählt sind! Herr, hauche mich mit Deinem Geist an, bis mein Körper und Geist in der rechten Verfassung sind, Dich anzubeten!"

„Herr, ich möchte jetzt Dein Angesicht suchen. Doch was nützt mein suchen, wenn Du Dich nicht offenbarst? Laß mich in meinem Herzen Dein Angesicht erkennen. Herr, laß es mich immer sehen!"

„Herr, Dich recht zu preisen, ist mein größter Wunsch, den Dein Geist aus Gnaden in mir geweckt und gehegt hat. An diesem Morgen, o Herr, preise ich Dich für alles in der Vergangenheit. Trotz meiner Eigenwilligkeit warst Du so wunderbar barmherzig, geduldig und mitfühlend! Du hast mir vergeben und neues Leben in mir erweckt."

4. Der Lehrplan der Fürbitte

Hier stehe ich auf meiner Warte und stelle mich auf meinen Turm und schaue und sehe zu, was er mir sagen und antworten werde auf das, was ich ihm vorgehalten habe. Der Herr aber antwortete mir und sprach: Schreibe auf, was du geschaut hast, deutlich auf eine Tafel, daß es lesen könne, wer vorüberläuft!

(Habakuk 2,1-2)

Inspiriertes Warten

Hier stehe ich auf meiner Warte und stelle mich auf meinen Turm

Wie anhaltend mahnt Gott uns doch im ganzen Alten und Neuen Testament, auf dieser Warte zu stehen, zu wachen und auf seine Hinweise zu achten! Und wie oft wurden Gottes Antworten auf unsere Gebete vergeudet, weil wir nicht wachten und beteten! Sind wir vielleicht zu sehr überrascht von Gottes Wegen mit uns? Können wir sie nicht mit den in der Bibel aufgezeigten Wegen Gottes in Einklang bringen? Dann wollen wir mit dem Propheten Habakuk unsere Überraschung teilen, mit ihm auf der Warte stehen und sehen, was Gott uns sagen will.

Es ist ein Unterschied zwischen den Gebeten des Alten und des Neuen Testaments. Im 3. Kapitel des Propheten Habakuk berufen sich seine Gebete auf Gottes Wesen und appellieren an seine große Barmherzigkeit. Im Neuen Testament basiert das Gebet auf einer neuen Beziehung zu Gott durch Jesus Christus. „Wenn ihr betet, so sprecht: Unser Vater" (Lukas 11,2). Es gibt aber noch einen Unterschied: Die Gebete im Alten Testament betreffen ein irdisches Volk in einer irdischen Umgebung. Die Gebete des Neuen Testaments aber offenbaren die himmlischen Gedanken eines himmlischen Volkes, das noch auf dieser Erde lebt. Wir werden ständig daran erinnert, daß wir nicht gegen Fleisch und Blut kämpfen, sondern gegen Mächte und Gewalten und Beherrscher der Finsternis dieser Welt.

Zunächst dürfen wir nicht vergessen, am rechten Platz zu

wachen, an dem Platz, auf den Gott uns gestellt hat. Wachen wir dort und warten auf Gottes Antwort auf unsere Gebete. Wenn Gott uns zum Beten aufruft, wenn er uns Gebete aufs Herz legt, wenn er uns eine Ahnung davon gibt, was er durch uns im Berufsleben, in der Gemeinde oder auch zu Hause tun will – dann seien wir wachsam! Viele lernten erst durch Gottes Züchtigung, daß sie einen Fehler machten, wenn sie Fleisch und Blut um Rat und Hilfe baten.

Ist jemand an seinem Platz entmutigt? Dann gehe er zu Gott auf diesen Turm und wache und warte im Gebet. „Warten" bedeutet sowohl im Alten als auch im Neuen Testament aktive Geduld, das heißt „darunter stehenbleiben", also nicht mit verschränkten Armen resigniert dastehen und denken: Wenn Gott die Zeit für reif hält, wird er schon eingreifen. Damit meinen wir leider oft: Während ich tatsächlich zum Nichtstun verurteilt bin, wird Gott es schon machen. Aktives Warten bedeutet stark und geduldig sein, bis die Antwort kommt.

Wir sollten nie den Fehler begehen und schon im voraus sagen, wie Gott unsere Gebete beantworten wird. Als Gott dem Abram eine große Verheißung gab, wollte er nach bestem Wissen Gott bei der Erfüllung der Verheißung behilflich sein. Also tat er das, was nach der Meinung von Fleisch und Blut am vernünftigsten war. Doch Gott weigerte sich dreizehn Jahre lang, mit ihm zu reden. So lange nämlich, bis Abram es aufgab, sich auf seine eigene, vernünftige Sicht von der Lage der Dinge zu verlassen. Dann kam Gott zu ihm und sagte: „Ich bin der allmächtige Gott" – El Shaddai – „wandle vor mir und sei fromm" (1. Mose 17,1).

Immer wieder muß Gott uns lehren, daß wir in aktiver Geduld, wachend und staunend, ausharren sollen. Es ist immer ein Wunder, wenn Gott das Gebet beantwortet. Wir hören Menschen sagen: „Sagt nicht, es sei wunderbar, wenn Gott Gebete erhört." Aber es ist wunderbar! Es ist so wunderbar, daß viele es gar nicht glauben können. „Und worum ihr bitten werdet in meinem Namen, das will ich tun" (Johannes 14,13). Ist das etwa nicht wunderbar? Aber ich vermute, daß kaum die Hälfte von uns es tatsächlich glaubt. „Denn wer bittet, der empfängt" (Matthäus 7,8). Wunderbar, nicht wahr? Ja, es ist so wunderbar, daß viele nicht einmal wagen, um den Heiligen Geist zu bitten, weil sie fürchten, nicht erhört zu werden. „Wenn zwei unter euch eins werden auf Erden, worum auch immer sie bitten wollen, dann soll es ihnen widerfahren von meinem Vater im Himmel" (Matthäus 18,19). Und das soll etwa nicht wunderbar sein? Es ist enorm wunderbar! „Das Gebet des Gerechten vermag viel, wenn es ernstlich ist" (Jakobus 5,16). Wunderbar!

Werden wir also heute wachend auf Gottes Antwort warten, nachdem wir erfahren haben, wie wunderbar Gott Gebete erhört? Sind wir „auf dem Turm" und achten beständig auf jedes Zeichen, das von Gott ausgeht? Oder kommen wir unter den Bann der Stadt Meros? Als der Geist des Herrn auf Debora kam, rief sie: „Fluchet der Stadt Meros ... fluchet ihren Bürgern, daß sie nicht kamen dem Herrn zu Hilfe ... gegen die Mächtigen" (Richter 5,23).

Das erste Kapitel des Buches Habakuk spricht von den furchtbaren Verwüstungen, die über Israel kommen werden (vergl. Verse 1-11). In unseren Tagen scheinen viele von uns in bezug auf geistliche Verwüstungen blind zu sein. Darum werden auch wir unter den bitteren Fluch der Stadt Meros kommen, wenn wir uns nicht wachrütteln lassen, um mit Gott gegen solche Mächte wie den Okkultismus, Supernaturalismus, Christliche Wissenschaft und das New Age anzugehen, gegen diese sich rasch ausbreitenden, alle Dämme mit sich fortreißenden, zerstörerischen Irrtümer. Sind wir wirklich hellwach und auf der Hut? Oder betteln wir nur wie die Narren: „Predigt uns Dinge, die spannend sind und uns ermuntern, auf unseren selbstgewählten Wegen weiterzugehen. Predigt nur nicht von dem Entsetzen eines Propheten oder einer Magd Gottes!" Gott erwartet aber ganz selbstverständlich, daß jedes seiner Kinder sich auf den Turm stellt und wacht.

Sind wir tatsächlich wachsam, wenn sich am Horizont dunkle Wolken zu einem Unwetter zusammenballen? Oder drehen wir uns trotzig und schmollend zur Seite? Kehren wir Gott und seinen Botschaften den Rücken zu und murren: „Du hast uns gar nicht in ein Land geführt, in dem Milch und Honig fließt"? Gott erwartet von uns, daß wir in Zeiten der Verwirrung und des Entsetzens zu unserem Turm zurückkehren und — mit Gottes Geist erfüllt — auf Gottes Antworten auf unsere Gebete warten. Warten, wie erwartungsvolle Kinder!

Mit Verstand Zeugnis geben

Und schaue und sehe zu, was er mir sagen werde

Ich meine, wir haben nicht genug von diesem erwartungsvollen Glauben, den der Heilige Geist schenkt. Ein Kind erwartet immer wunderbare Sachen. Wenn wir älter werden, vergessen wir, daß diese Erwartung des Kindes der Wahrheit oft näher ist als unser altkluges Wissen. Wenn wir durch Jesus Christus in die rechte Beziehung zu Gott getreten sind, lernen wir, wachsam zu warten. Dann fragen wir uns im stillen: „Wie mag Gott wohl dieses Gebet beantworten? Wie mag Gott das Gebet des Heiligen Geistes in mir beantworten? Wie mag Gott zu seiner Verherrlichung die Probleme lösen, die mir im Augenblick zu schaffen machen? Welcher neue Beweis seiner Fürsorge für mich und meinen Weg wird diesmal sichtbar werden?"

Dieser kindliche, erwartungsvolle Sinn des Heiligen Geistes wurde — wenn ich das mit aller Ehrfurcht sagen darf — in unserem Herrn Jesus Christus sichtbar. Dieses fortwährende Staunen über das Wirken seines Vaters. „Die Worte, die ich euch verkündige, die rede ich nicht aus mir selbst. Der Vater, der in mir wohnt, der tut seine Werke" (Johannes 14,10). Unser Herr sagte vom Heiligen Geist: „Er wird nicht aus sich selbst reden, sondern, was er hören wird, das wird er reden." Der Herr Jesus sprach und wirkte mit dem weiten Herzen eines geliebten Kindes Gottes. Der allmächtige Gott wurde Fleisch in der Gestalt eines kleinen Kindes, und wir sollten Jesu Botschaft wie erwartungsvolle Kinder aufnehmen. Gott selbst hält die Herzen seiner Kinder allezeit für Überraschungen offen. Mit offenen Augen staunen sie, wie der Heilige Geist in Menschenherzen Einzug hält. Ich möchte wohl wissen, wie viele von uns an den eigenen Ideen, Überzeugungen und Vorstellungen Schiffbruch erlitten haben. Gott sei für die daraus entstehende Ratlosigkeit gedankt, wenn sie uns geradewegs auf den Turm ins Gebet treibt! Dort beschäftigten sich dann Gott mit unseren Lehrmeinungen und Glaubensbekenntnissen, die zwar ursprünglich aus der Heiligen Schrift stammen, jedoch nach unserer vorgefaßten Meinung zurechtgeschnitten und entsprechend entstellt wurden. Dort auf dem Turm geht es um Gottes Lehrmeinungen, die durch den Heiligen Geist mit unserem Fleisch und Blut verflochten sind. Auf dem Gebetsturm werden wir wachen und warten und staunend Zeugnis geben.

Betrachten wir einmal die Propheten des Alten Testaments. Nie sprach Gott ohne ein entsprechendes Wunder seinerseits. Immer wieder waren die Propheten erstaunt über die merkwürdigen Dinge, die Gott tat. Und wenn sie insgeheim ihrem Verstand mehr zutrauten als Gottes Kraft, dann war ihre Verblüffung perfekt. Darum sollten wir den Heiligen Geist „annehmen, anerkennen und auf seine Unterstützung bauen" und niemals davon ablassen. Gott gebe uns diesen rechten Kindersinn, den der Heilige Geist in uns schaffen kann. So bleiben unsere Herzen jung und unternehmungslustig und werden niemals träge. Mögen wir immer mit staunenden Augen wie die Kinder auf das nächste wunderbare Tun Gottes warten! „Der Herr ist König, des freue sich das Erdreich" (Psalm 97,1).

Gott gebe es, daß für uns nur der Platz wichtig ist, an den Gott uns gestellt hat. Dort wollen wir wachen und unerschütterlich auf das warten, was Gott tun wird. Ohne dieses Wachen und Warten vor Gott sollten wir nie auf etwas hören, das irgendein Mensch oder ein Buch uns geraten haben. „Prüfet die Geister", testet sie, ob sie von Gott sind. Ich möchte meine Leser vor einem Fehler bewahren, den ich selbst oft gemacht habe. Wir sollten nie versuchen, Gottes Führungen in unserem Leben auf andere Menschen zu übertragen und sie auch als Gottes Plan für ihr Leben zu betrachten. Das sollten wir nie tun! Warten wir lieber staunend wie die Kinder und fragen wir uns: Kann Gott in unserem Leben das tun, was er tun möchte? Kann er uns helfen? Kann er andere durch uns von sich überzeugen? Kann er uns vor Engeln und Menschen zum Schauspiel werden lassen, wie er es mit Hiob tat — ohne irgendeine Erklärung dazu zu geben? Kann er machen, daß wir uns ebenso über uns wundern wie die anderen? Kann er in uns trotz allem das uneingeschränkte, kindliche Vertrauen erhalten, daß uns alle Dinge zum Besten dienen?

Heiliger Wandel

Schreib auf, was du geschaut hast, deutlich auf eine Tafel, daß es lesen könne, wer vorüberläuft

Nun hört das Warten auf. Jetzt bewegen wir uns aktiv auf das Ziel zu, zu dem Gott uns berufen hat.

Haben wir schon einmal das Erstaunliche an Menschen beobachtet, die mit Gott wandeln? Sie scheinen niemals überängstlich oder überbesorgt zu sein, und sie scheinen immer jünger zu werden. Was ist zum Beispiel typisch für Leute, die kein kindliches Herz haben? Sie jammern, haben geistigen und geistlichen Rheumatismus, ebensolche Neuralgien und überraschen uns mit moralischen Verirrungen und Perversitäten. Nichts kann sie wieder auf die Beine bringen. Warum? Sie brauchen dringend den Kindersinn, der den Jüngern nach der Auferstehung zu Pfingsten durch den Heiligen Geist gegeben wurde. Dann wird es auch bei ihnen anders.

Nach Pfingsten kam zwar das Schwert über die Gemeinde, Verfolgungen setzten ein und die Jünger wurden überallhin zerstreut. Doch nichts konnte sie davon abhalten, das Wort vom Kreuz weiterzusagen. Das Leben dieser Männer wurde nach der mächtigen Geistestaufe zu Pfingsten zu einem frohen Siegesruf, der durch die ganze Welt tönte. Alles kam in Bewegung! Keine Macht der Erde, weder Himmel noch Hölle, konnte dieses neue Leben mit seiner ungeheuren Kraft des Heiligen Geistes bremsen. Eines Geistes, der sie mit kindlichem Herzen rufen ließ: „Abba, lieber Vater!" Haben wir bereits dieses erwartungsvolle Staunen in unseren Herzen? Oder seufzen wir immer noch: „Wenigstens habe ich Gott mit Mühe und Not soviel Gnade abgerungen, daß sie für diesen Tag ausreicht"? Gott sei gelobt, daß alle unausforschlichen Reichtümer Christi zu unserer Verfügung stehen!

Danken wir Gott für jedes Menschenleben, das diese ungeheure Entdeckung gemacht hat und dementsprechend handelt. Blicken wir immer auf unseren Vordermann, auf Jesus. Nur auf Jesus! Immer auf Jesus! „Schafft gerade Wege für eure Füße!" (Hebräer 12,13). Achten wir immer auf Jesu Schritte! Wenn er stehenbleibt und in einer Wolke verschwindet, bleiben auch wir stehen, wachen und warten. Wenn wir dann begriffen haben, worum es geht, werden wir weiterlaufen. Ein neuer Gedanke, ein neues Verständnis von Gottes Wort treibt uns an. Wir schwingen uns auf wie Adler, und mit einer ungemeinen Begeisterung laufen wir, ohne zu ermüden. Dann erleben wir die größten Tage und wandeln, ohne matt zu werden. „Die Weissagung wird ja noch erfüllt werden zu ihrer Zeit und wird endlich frei an den Tag kommen und nicht trügen. Wenn sie sich auch hinzieht, so harre ihrer; sie wird gewiß kommen und nicht ausbleiben" (Habakuk 2,3). „Ich hörte die Stimme des Herrn, wie er sprach: Wen soll ich senden? Wer will unser Bote sein?" (Jesaja 6,8). Das ist eine wunderbare Frage: „Wer will unser Bote sein?" Einige antworten: „Herr, da ist Frau Soundso. Die ist bereit. Sende sie." Ist das etwa auch unsere Antwort? Oder antworten wir: „Herr, ich weiß, es müßte mehr Leben in unserer Gemeinde sein, und dort ist der Herr Soundso. Er ist genau der Richtige. Sende ihn." Wenn wir jedoch wirklich gewacht und erwartungsvoll wie die Kinder gewartet hätten, dann würden wir antworten: „Hier bin ich. Sende mich!" Wenn Gott heute zu dir käme, würdest du antworten: „Hier bin ich, Herr. Sende mich"? Weißt du überhaupt, wo du innerlich stehst? Manche Leute leben ständig im Nebel. Sie wissen nicht, wo sie sich befinden. Wenn wir aber alles über das Warten auf Gott wissen und wie wir vor ihm wandeln sollen, dann antworten wir: „Hier bin ich, Herr. Mache mit mir, was du willst."

„Herr, erforsche die tiefsten Quellen meines Lebens,
in dem Dein Heiliger Geist wirkt.
Erkenne dort meine geheimsten Gebete,
die ich nicht in Worte fassen kann.
Herr, rühre meinen Leib an.
Er ist Dein Tempel.
Durchleuchte ihn mit Deinem Licht,
und laß es hell aus ihm herausstrahlen!"

„Herr, laß heute Dein Angesicht über uns leuchten!
Hilf, daß wir mit Sanftmut, aus freien Stücken
und leichten Herzens nach Deinem Plan und Willen
leben, auf daß wir Dir jeden Tag
ein frohes Lied singen können!"

„Gott, mein Vater,
die Wolken sind nur der Staub unter Deinen Füßen.
Laß mich hinter jeder mir unverständlichen oder auch
guten Führung in meinem Leben immer nur Jesus sehen
und keinen Menschen,
bis alle meine Angst verschwunden ist."

5. Und wenn Gott schweigt?

Jesus aber hatte Martha lieb und ihre Schwester und Lazarus.
Als er nun hörte, daß er krank war, blieb er noch zwei Tage
da, wo er war.

(Johannes 11,5-6)

Keine hörbare Antwort

Jesus blieb zwei Tage dort, wo er sich gerade befand, und schickte den Schwestern keine Antwort. „Ich weiß, warum Gott mein Gebet nicht beantwortet. Ich habe um etwas Falsches gebetet." Doch das war es nicht, warum Jesus Maria und Martha nicht antwortete. Ihr Wunsch war durchaus berechtigt. Es stimmt zwar, daß Gott manche Gebete nicht erhört, weil Falsches erbeten wird, doch das ist dann so offensichtlich, daß man es uns nicht groß erklären muß. Gott möchte, daß wir unsere Sicht der Dinge ändern und zu einer von ihm gewünschten Einsicht kommen. Das heißt, wir sollen lernen, ihm immer zu vertrauen.

Gottes Schweigen ist dann seine Antwort. Wenn wir als Gottes Antworten nur diejenigen betrachten, die unsere Sinne wahrnehmen können, befinden wir uns sozusagen auf einer Anfangsstufe unseres Glaubensstandes. Sind wir also bereit zu sagen: „Jesus liebt uns. Er schweigt jetzt nur, um uns etwas viel Größeres zu offenbaren"? Kann Gott uns schon sein Schweigen zutrauen? Ein inhaltsschweres Schweigen als Antwort? Eine über alle Maßen herrliche Offenbarung könnte dann die Folge sein.

Murren wir vor Gott, wenn wir keine sichtbare Antwort erhalten? Auch eine Maria Magdalena weinte am leeren Grab. Worum bat sie? Um den toten Leib Jesu. Und von wem erbat sie ihn? Vom auferstandenen Herrn selbst, und sie erkannte ihn nicht. Gab Jesus ihr das Erbetene? Seinen Leichnam? Er gab ihr etwas, das ganz sicher herrlicher war als alles, was sie vorher empfangen hatte, einen vom Tode erstandenen, unsterblichen Herrn!

Viele von uns waren oft ebenso blind in ihren Gebeten! Blicken wir einmal zurück auf die Gebete, die unserer Meinung nach nicht beantwortet wurden. Erkennen wir heute vielleicht, daß Gott sie wunderbarer beantwortete, als wir es je erträumten. Gott hatte uns in ganz besonderer Weise seines Schweigens gewürdigt. Es ging ihm nicht um ein schnelles Zufriedenstellen. Er gewährte uns eine größere Offenbarung seiner Herrlichkeit.

Manchen Gebeten folgt das Schweigen, weil sie falsch sind, andere jedoch, weil sie viel bedeutender sind, als wir ahnen. Jesus blieb, wo er war. Es war ein positives Zeichen; denn er liebte Martha und Maria. Bekamen sie Lazarus zurück? Sie bekamen sehr viel mehr. Sie erfuhren die größte Wahrheit, die Menschen je erfuhren: *Jesus Christus ist die Auferstehung und das Leben!* Das wird einmal ein wunderbarer Augenblick sein, wenn wir vor Gott stehen und erkennen dürfen, daß unsere Herzensanliegen in erstaunlicher Weise erhört wurden. Gottes Schweigen war seine Antwort. Warten wir jedoch immer auf etwas Sichtbares, auf das wir mit dem Finger zeigen und dabei stolz sagen könnten: „Dies ist Gottes Antwort", dann kann uns Gott wahrscheinlich sein Schweigen noch nicht zumuten.

Dann tritt Satan auf den Plan und will uns einreden: „Du hast eben um etwas Falsches gebetet." Doch man kann das leicht am Wort Gottes nachprüfen. Wenn wir darum beten, Gott besser kennenzulernen, mit dem Heiligen Geist getauft zu werden oder mehr Verständnis für die Auslegung des Wortes Gottes zu erhalten, dann stimmte unser Gebet mit Gottes Willen überein. Denken wir trotzdem, Gott hätte nicht geantwortet? Er hat. Er ist uns so nahe, daß sein Schweigen die Antwort ist. Sein Schweigen ist so vielsagend, daß wir es im Augenblick nicht verstehen. Einmal aber werden wir es. Zeit bedeutet Gott nicht viel. Da haben wir zum Beispiel vor Jahren unsere Gebete gesprochen — und er beantwortete sie mit Schweigen. Doch plötzlich kommt die Antwort in einer Weise ans Licht, daß wir sie kaum fassen können.

Erhabene Untätigkeit

Man stelle sich vor, wie Martha und Maria Tag für Tag auf das Kommen Jesu warteten. Doch erst, als Lazarus bereits vier Tage im Grab gelegen hatte, erscheint Jesus Christus auf der Bildfläche. Das waren Tage absoluten Schweigens. Das war erhabene Untätigkeit auf der Seite Gottes. Gibt es vielleicht etwas Vergleichbares in unserem Leben? Könnte Gott auch uns dieses Schweigen zutrauen, oder erwarten wir immer sofort eine sichtbare Antwort? „Was wir bitten, werden wir von ihm bekommen" (1. Johannes 3,22). Preisen wir darum Gott, wenn er unsere Bitten mit Schweigen beantwortet. Denken wir einmal darüber nach, was wir gern behalten hätten, und was Gott uns trotz unserer Gebete nicht gelassen hat. Vielleicht murren wir sogar insgeheim: „Ich bat um Brot, und er gab mir einen Stein." Das stimmt aber nicht; denn er gab uns Brot des Lebens. Baten wir Gott, uns eine bestimmte Sache zu erhalten, die uns das Leben als Christ erst ermöglichte – und zerbrach trotzdem alles? Das war Gottes Antwort. Sind wir geistlich gesinnt und deuten Gottes Schweigen recht, dann vertrauen wir ihm trotzdem, weil wir wissen, daß er nicht nur manchmal, sondern immer unsere Gebete erhört. Wann und wo die Antwort sichtbar wird, das ist ganz seiner Souveränität überlassen. Darum sollten wir ernsthaft und eifrig weiterbeten. Wenn Gott auf unsere Gebete schweigt, werden wir meist still, bis wir ihm vollkommen vertrauen. Das stille Vertrauen Jesu Christi wirkt ansteckend. Als Jesus sagte: „Ich weiß, daß mein Vater mich allzeit hört", da betrachtete er Gottes Schweigen als Beweis dafür.

Erstaunliche Antwort

Konnten Martha und Maria jemals das ganze Ausmaß der Antwort Jesu erfassen? Schließlich folgten: der vom Tod erweckte Bruder, die Offenbarung der Herrlichkeit Gottes und eine Erkenntnis Jesu Christi, die der Gemeinde zwanzig Jahrhunderte lang zum Segen wurde. Vergessen wir nie, Jesu Schweigen ist immer ein Zeichen dafür, daß er besser weiß als wir selbst, wie reif wir innerlich für eine viel größere Offenbarung sind. Doch manchmal kann er uns das noch nicht zutrauen. „Wenn zwei unter euch eins werden auf Erden, worum auch immer sie bitten wollen, dann soll es ihnen widerfahren von meinem Vater im Himmel" (Matthäus 18,19). Das ist eine Aussage gegenüber Menschen, die nicht geistlich sind. Die Aussagen unseres Herrn in Lukas 11 und Lukas 18 dagegen sind an geistliche Menschen gerichtet, an solche, die in der Gewißheit beharren, daß ihre Gebete erhört werden. Wenn Jesus Christus schweigt, bedeutet es nicht, daß er unwillig ist. Im Gegenteil, dann hat er oft viel größere Absichten mit uns. Und die Antwort wird immer eine erstaunliche Offenbarung sein. Kein Wunder, wenn unser Herr sagte: „... er wird noch größere als diese tun ... worum ihr mich bitten werdet in meinem Namen, das will ich tun" (Johannes 14,12-13).

Darum geht es beim Beten nicht nur darum, daß Gott uns segnen möge. Wenn wir als Antwort auf unser Gebet nur diesen Segen im Auge haben, wird er es zwar tun, er wird uns aber nie die besondere Gnade seines Schweigens zuteil werden lassen. Beginnen wir jedoch zu begreifen, daß das Gebet zur Verherrlichung seines Vaters dient, dann wird er uns ein erstes Zeichen seiner innigen Verbundenheit geben: das Schweigen. Nur Satan nennt es das unbeantwortete Gebet. Im Fall von Martha und Maria deutete der Heilige Geist es als Zeichen der Liebe Gottes. Und weil er sie liebte und wußte, sie waren reif für eine Offenbarung, an die sie vorher nicht im Traum gedacht hätten, darum blieb Jesus dort, wo er war. Gott wird uns zwar den Segen geben, wenn wir mehr nicht wollen. Doch sein Schweigen weist darauf hin, daß er uns zu einem größeren Verständnis seiner selbst führen will.

„Herr, ich bitte um die Kraft Deines Heiligen Geistes,
damit ich Dich inniger anbeten kann!
Erleuchte meinen Geist durch Deinen Heiligen Geist,
auf daß mein Herr Jesus Christus
mit seiner Vollkommenheit
auch in meinem sterblichen Leib erkennbar wird."

„Herr, hauche mich an, bis ich eins werde mit Dir
in der Einstellung meines Herzens und Verstandes.
Zu Dir komme ich.
Wie deutlich wird mir wieder mein eigenes
Verlorensein ohne Dich!"

„Herr, ich kann Deine Wege rein äußerlich noch nicht sehen.
Aber ich erwarte fest, daß Deine wunderbare Hilfe
bald sichtbar wird.
Herr, ich blicke auf Dich.
Und wenn ich auch Deinen Weg mit mir
noch nicht verstehe,
so ruhe ich doch in Dir.
Du bist Gott, Dir will ich kindlich vertrauen."

6. Hier ist die Erklärung

So wie du, Vater, in mir bist und ich in dir,
so sollen auch sie in uns eins sein.

(Johannes 17,21)

Jesus antwortete: Du hättest keine Macht über mich,
wenn sie dir nicht von oben gegeben wäre.
Darum hat der größere Sünde, der mich dir übergeben hat.

(Johannes 19,11)

Wir wurden nicht geschaffen, uns selbst zu dienen, sondern Gott. Unser Dienst gilt nicht uns selbst, sondern ihm. Das erklärt die Notwendigkeit eines gehorsamen Lebens.

„Und er ging mit ihnen hinab ... und war ihnen gehorsam" (Lukas 2,51). Ein erstaunlicher Gehorsam! Dreißig Jahre lang lebte Jesus in einer Familie von Brüdern und Schwestern, die nicht an ihn glaubten. Und als er seinen Dienst begann, sagten sie, er wäre verrückt geworden.

„Und wie er, sind auch wir noch in der Welt." Manche Christen sagen: „Bei meiner Wiedergeburt dachte ich, es würde eine Zeit der großen Erleuchtung und eines großartigen Dienstes folgen. Statt dessen mußte ich zu Hause unter Menschen bleiben, die mich kritisierten und mich an allen Ecken und Enden behinderten. Ich wurde mißverstanden und mißgedeutet." Doch: „Der Jünger steht nicht über dem Meister" (Matthäus 10,24). Denken wir etwa, wir verdienten ein besseres Los als Jesus Christus? Wir können unliebsamen Dingen zwar manchmal ausweichen. Wenn wir jedoch nicht gehorchen, bewirkt der Heilige Geist eine schreckliche Scham in uns. Und wir werden gehorsam, weil wir wissen, daß Jesus für uns gebetet hat.

Manchmal sieht es so aus, als kümmere Gott sich nicht um unsere Pläne und frage nicht: „Möchtest du diesen Verlust erleiden oder gar derart betrübt werden?" Gott läßt manche Dinge wohl absichtlich zu. Wir mögen denken, was wir wollen, doch Gott gewährt dem Teufel einen Spielraum, und er läßt die Sünde zu. Er erlaubt bösen Menschen zu triumphieren und tyrannisch zu herrschen. Dann machen solche Schicksale entweder Furien aus uns oder Heilige. Das hängt allein von unserer Beziehung zu Gott ab. Wenn wir sagen: „Dein Wille geschehe", erhalten wir die feste Gewißheit, daß unser Vater alles nach seiner Weisheit regelt. Wenn wir so lernen, Gottes Willen zu akzeptieren, werden wir davor bewahrt, bitter oder zynisch zu sein.

Die Bereiche, durch die wir hindurch müssen, machen entweder sanftere, bessere, edlere Menschen aus uns, oder sie lassen uns immer zänkischer werden und immer eigenwilliger. Entweder werden wir mehr wie unser Vater im Himmel, oder wir werden immer gemeiner und egoistischer. Wie reagieren wir unter den gegebenen Umständen? Begreifen wir unser Schicksal besser als je zuvor? Gott ist nicht dazu da, unsere Gebete zu beantworten. Doch wir lernen durch unsere Gebete Gottes Absichten besser kennen. Das wird in Johannes 17,22 so erklärt: „Damit sie eins sind, so wie wir eins sind." Bin ich Jesus so nahe? Gott wird nicht aufgeben, bis ich es bin. Der Vater im Himmel gab uns ein Gebet, das er immer beantwortet. Das ist das Gebet Jesu Christi. Es kommt nicht darauf an, wie unreif oder unvollkommen ein Jünger Jesu ist. Wenn es ihm ein Herzensanliegen ist, wird es beantwortet.

Leben in Einsamkeit

Jesus kehrte, mit Heiligem Geist erfüllt, vom Jordan zurück und wurde vom Geist in die Wüste geführt und vierzig Tage lang vom Teufel versucht. Und er aß nichts in diesen Tagen, und als sie zu Ende waren, hatte er Hunger" (Lukas 4,1-2).

Nichts unterschied unseren Herrn vom einfachen Menschen, ausgenommen diese Isolation. Er wählte den einsamen Ort nicht von sich aus. Er wurde vom Geist in die Wüste getrieben. Es ist nicht gut, einsam zu sein. Der Teufel will es vielleicht, aber Jesus Christus schuf keine religiösen Einzelgänger. Er schuf Männer und Frauen für eine Welt, wie sie hier existiert (vergl. Johannes 17,15). Wir sagen vielleicht: „Ich wünschte, Jesus würde nicht soviel von mir erwarten." Er erwartet aber nichts weniger als absolutes Einssein mit ihm. Jesus war eins mit seinem Vater. Gott erwartet nicht, daß wir im Alleingang für ihn wirken. Wir sollen es gemeinsam mit ihm tun.

Jeder trägt sein eigenes Reich in sich, und niemand weiß, was im Reich des anderen vor sich geht. „Keiner versteht mich!" Natürlich nicht; denn jeder von uns ist dem anderen ein Geheimnis. Es gibt nur einen, der uns versteht. Das ist der Vater im Himmel. Wir sollten uns ihm ganz anvertrauen.

Sind wir vielleicht innerlich gerade stark angefochten? Jesus wurde vom Teufel versucht. Vielleicht sind wir es auch, und niemand ahnt es. Es steht unserer Seele kein menschlicher Gefährte bei, wenn wir versucht werden. Versuchung testet das, was uns lieb und teuer ist. Wenn wir uns nicht ganz Gott überlassen und ihm einige Gebiete vorenthalten, so sind das die Stellen, bei denen Satans Versuchungen ansetzen. Das erklärt, warum Jesus betete: „Damit sie eins sind, so wie wir eins sind." Streben wir danach, mit Jesus eins zu sein in Weg und Ziel! Einige von uns sind weit davon entfernt. Und doch will Gott uns nicht verlassen, bis wir eins mit ihm sind; denn Jesus hat dafür gebetet. Die Nachfolge Jesu birgt für seine Jünger ein Risiko, weil Gott uns niemals vor der Welt, dem Fleisch und dem Teufel abschirmt. Christsein ist kein „Showbusiness", sondern eine Angelegenheit des Charakters.

Wenn einer von uns einen einsamen Weg gehen muß, sollte er Johannes 17 lesen. Das erklärt genau, warum er diesen Weg gehen muß. Weil wir Jünger Jesu sind, können wir nie mehr so unabhängig sein wie vorher. Jesus hat dafür gebetet, daß wir eins werden mit dem Vater. Jesus hat dafür gebetet, wie er selbst es ist. Helfen wir ihm nun, daß sein Gebet beantwortet wird? Oder haben wir ein anderes Ziel?

Leben in Heiligkeit

Und ich habe ihnen die Herrlichkeit gegeben, die du mir gegeben hast, damit sie eins sind, so wie wir eins sind.
(Johannes 17,22)

„Und ich habe ihnen die Herrlichkeit gegeben, die du mir gegeben hast." Die Herrlichkeit unseres Herrn war die Herrlichkeit eines geheiligten Lebens. Und genau das gibt er uns. Er schenkt uns die Gabe der Heiligkeit. Gebrauchen wir sie?

„Die Hoffnung seiner Berufung" wird uns in Johannes 17 offenbart. Das wirft Licht auf jedes Problem. Gott erwartet, daß wir dieser Berufung gemäß leben. „Wir werden zu ihm kommen und Wohnung bei ihm nehmen" (Johannes 14,23). Der dreieinige Gott wohnt bei seinen Heiligen. Wonach sollte ein Mensch sonst noch trachten?

„Herr, wenn ich erwache, bin ich noch bei Dir.
Belebe meinen sterblichen Leib
durch Dein mächtiges Auferstehungsleben.
Wecke mich auf mit einer gnädigen Flut
Deines göttlichen Lebens für diesen Tag."

„Herr, so viele Aktivitäten, so viele Dinge,
so unzählige Menschen — und trotzdem bleibst Du!
Segne mich heute zu Deiner Ehre
mit einem weiten Herzen
und einem guten Charakter!"

„Herr, zu Dir blicke ich auf. Erleuchte mich.
Laß den Glanz Deines Angesichts
von mir zurückstrahlen.
Ich preise Dich für Deine Gnade und dafür,
daß ich etwas von Deinem wunderbaren Tun
miterleben darf.
Verhilf mir immer mehr zu dem
verborgenen Leben mit Christus in Gott."

„Herr, durch alle Dunkelheiten brich mit Deinem
immer heller leuchtenden Licht!
Hauche mich an,
bis Leib und Seele auch heute wieder
strahlend ihren Dienst zu Deiner Ehre tun!"

7. Beten im Heiligen Geist

... betet in der Kraft des Heiligen Geistes.

(Judas 20)

... und betet allezeit mit Bitten und Flehen im Geist.

(Epheser 6,18)

Beten im Heiligen Geist bedeutet, die Kraft zu gebrauchen, die uns von Gott gegeben wurde, um eine einfache Beziehung zu Jesus im Gebet zu realisieren.

Gebet — durchdrungen von Pfingsten

Wir beten auf der Grundlage dessen, was uns durch den herabgesandten Heiligen Geist geoffenbart wurde. Die erste Offenbarung aber besteht darin, daß wir nicht wissen, wie wir beten sollen (vergl. Römer 8,26). Wir müssen es erst lernen, uns nach dieser Beziehung zu Jesus Christus auszustrecken. Wenn wir das tun, werden wir erkennen, wie der Heilige Geist uns in dieser einfachen Beziehung zu Jesus Christus erhält, wenn wir beten. Wenn wir im Heiligen Geist beten, können wir das, um was wir bitten, danach auch loslassen. „Euer Vater weiß, was ihr nötig habt, bevor ihr ihn bittet" (Matthäus 6,8).

Warum dann noch bitten? Die ganze Bedeutung des Gebets liegt darin, daß wir Gott etwas besser kennenlernen. „Bitten und empfangen" sind Elemente des Gebets und gehören zu dem uns verständlichen Teil. Aber das ist nicht unbedingt ein Beten im Heiligen Geist. Diejenigen, die nicht wiedergeboren sind, müssen bitten und empfangen. Wenn wir jedoch in der rechten Beziehung zu Gott stehen, müssen wir zum Beten die Einfalt des Glaubens aufrechterhalten. Wir müssen durchtränkt sein von der Offenbarung des Gebets, zu lernen, bis ins Detail im Heiligen Geist zu beten. Gebet ist keine fromme Übung, es ist Leben.

Besonderes Gespür für die Notwendigkeit

Viele Menschen beten nicht, weil sie die Notwendigkeit dazu nicht erkennen. Ein Zeichen des Heiligen Geistes besteht aber darin, daß wir unsere eigene Situation erkennen, unsere eigene Leere, nicht unsere Fülle. Wir verspüren absolut diese innere Notwendigkeit des Gebets. Da begegnen wir zum Beispiel Menschen, die uns in Versuchung führen. Oder wir erleben widrige äußere Umstände, die uns zu schaffen machen, oder Dinge, die uns verwirren. All dies weckt das dringende Bedürfnis in uns, zu beten. Das ist ein Zeichen dafür, daß der Heilige Geist gegenwärtig ist. Wenn wir diese innere Notwendigkeit zum Gebet nicht verspüren, liegt es nicht daran, daß der Heilige Geist uns bereits zufriedengestellt hat, sondern weil wir uns mit den Gegebenheiten abgefunden haben. „Ein Mensch sollte sich aber immer nach dem ausstrecken, was über sein Können hinausreicht." Das Gespür für die Notwendigkeit des Gebets ist ein großer Segen, weil es unser Leben in der rechten Beziehung zu Jesus Christus erhält.

Ausgeprägtes Gespür für Zurückhaltung

Wenn wir lernen, im Heiligen Geist zu beten, entdecken wir Dinge, für die wir nicht beten können. Wir spüren, daß Zurückhaltung angebracht ist. Dann sollten wir nicht halsstarrig sein und behaupten: „Ich weiß aber, daß es Gottes Wille ist, und ich möchte es sehr gern haben." Hüten wir uns davor! Erinnern wir uns einmal an die Kinder Israel: „Er gab ihnen, was sie erbaten . . . bis ihnen davor ekelte" (Psalm 106,15). Möge der Heilige Geist uns zeigen, um was wir bitten sollen! Wir sollten lernen, ihn nicht zu betrüben. Wenn wir in Jesus Christus bleiben, werden wir nach Jesu Willen bitten, ob wir uns dessen nun bewußt sind oder nicht (Johannes 15,7).

Klares Gespür für Christi Wirken

Wenn wir im Heiligen Geist beten, wird er uns immer an diese eine Tatsache erinnern: wir werden allein um Christi Opfertod willen erhört (vergl. Hebräer 10,19). Nur das Blut Jesu verschafft uns den

Eintritt in das Heiligtum, nicht aber unsere Ernsthaftigkeit als Christen, nicht unsere persönliche Notlage, nicht, weil wir vielleicht umkommen, wenn wir nicht beten.

Die Wirkungskraft des Sühneopfers Christi wird uns vom Heiligen Geist verständlich gemacht. Und wenn er das getan hat, setzen wir unsere Hoffnung nie mehr auf unsere Glaubensstärke oder auf unsere Notsituation. Wir kommen auch nicht mehr auf den Gedanken, Gott beantworte unsere Gebete nicht. Im Gegenteil, wir ruhen in der Gewißheit, daß er uns immer hört.

Der Heilige Geist wird uns unaufhörlich darauf hinweisen, daß der einzige Grund, auf dem wir uns Gott nahen können, das Blut Jesu ist. Wenn wir im Heiligen Geist beten, entdecken wir, wie Gott die ganz gewöhnlichen Umstände, in die er uns gestellt hat, und die ganz gewöhnlichen Leute, mit denen er uns vorsorglich umgeben hat, dazu gebraucht, diese große Wahrheit zu erkennen: *Das einzig wirksame Fundament des Gebets ist das Sühneopfer Christi.*

Gottes ausgestreckte Hand ergreifen

Wenn wir im Heiligen Geist beten, bekommen wir eine intimere Vorstellung von Gott. Der Heilige Geist gibt uns ein Gespür für Gottes Mittel und Wege. So mag er uns zum Beispiel zu einer ganz bestimmten Aufgabe in unserem Leben berufen. Wir wissen dann genau: das fordert eine Entscheidung. Dann sollten wir unser Leben Gott tollkühn anvertrauen und alle Brücken hinter uns abbrechen. Kein Mensch kann uns einen Rat geben, nur der Heilige Geist kann es.

Wie aber reagieren wir? Mit einem Fuß stellen wir uns auf Gottes Seite, mit dem andern verlassen wir uns auf unseren Verstand. Dann erweitert Gott die Kluft unter uns, und wir stürzen entweder ab oder hüpfen auf eine der beiden Seiten. Von uns wird ein tollkühner Sprung erwartet, der uns ganz auf Gottes Seite bringt. Viele von uns beten unter Vorbehalt, weil sie Gott nicht rückhaltlos vertrauen. In den Augen derer, die Gott nicht kennen, ist das sowieso Wahnsinn. Beten wir im Heiligen Geist, so entdecken wir Gottes ausgestreckte Hand; denn er ist unser vollkommener himmlischer Vater, und wir sind seine Kinder.

Behalten wir es in der Erinnerung: Durch Jesus Christus ist Gott unser Vater.

Rechte Atmosphäre

Das Beten im Heiligen Geist läßt uns recht verstehen, warum Paulus sagt: „Wir kämpfen nicht mit Fleisch und Blut, sondern mit den Mächtigen und Gewaltigen, mit den Beherrschern dieser finsteren Welt, mit den bösen Geistern zwischen Himmel und Erde."

Wenn der Heilige Geist in uns wirkt, wird er die Atmosphäre um uns herum erfüllen. Es gibt Dinge, die müssen durch den Heiligen Geist bereinigt werden. Dann brauchen wir nur standhaft zu bleiben und zu ringen. Ringen ist nicht streiten. Es bedeutet vielmehr, dem Ungehorsam in uns selbst zu begegnen und auf der ganzen Linie dem Bösen zu widerstehen. Viele kapitulieren vor Fleisch und Blut. Dann sagen sie vielleicht: „Ich habe schlecht geschlafen." Oder: „Ich fühle mich heute nicht wohl." Oder: „Ich habe mich da leider falsch verhalten." Verstecken wir uns doch nicht hinter solchen Entschuldigugen, wenn wir uns nicht zum Gebet durchringen können! Unzählige kranke Menschen bestätigen uns, was es heißt, im Heiligen Geist zu beten.

Beim Dienst für Gott sollten wir nie auf die äußeren Umstände von Fleisch und Blut sehen, sondern allen Aufgaben des Tages in der Kraft des Heiligen Geistes begegnen. Dabei kommt es gar nicht darauf an, um welche Aufgabe es sich handelt oder wie die äußeren Umstände aussehen. Wenn wir im Heiligen Geist beten, schafft dieser eine besondere Atmosphäre und bewirkt schließlich etwas zur Verherrlichung Gottes.

Rechtes Jüngerverhalten

„Betet, ohne nachzulassen" (1. Thessalonicher 5,17). Behalten wir also zeitlebens die erwartungsvolle Haltung des Kindes, das in seinem Herzen beständig nach Gott ruft. Hören wir dabei allezeit auf den Heiligen Geist und bauen auf ihn. Gott hört auch auf schlecht artikulierte Gebete, die in unseren Augen oft so wertlos sind. Dieses rechte Jüngerverhalten sollte jedem von uns zueigen werden.

Verhalten im Alltag

Wie wir im Alltag reagieren, das wird unserem Beten entweder förderlich oder hinderlich sein. Zeigen wir eine Reaktion, die nicht aus der Abhängigkeit von unserem Herrn Jesus Christus stammt, dann müssen wir durch so manches unnütze Stück Wüste, bevor wir zu Gott kommen. Nebel und Schatten verdunkeln unser Bewußtsein, und der Heilige Geist mahnt uns. Der Heilige Geist ist immer da, doch leider beachten wir ihn persönlich viel zu wenig. Alles, was uns ständig beschäftigt, kann uns daran hindern, im Heiligen Geist zu beten, selbst unsere religiöse Geschäftigkeit.

Allein der erwartungsvolle Kindersinn, der sein ganzes Vertrauen auf Gott setzt, betet im Heiligen Geist. Wenn wir im Heiligen Geist beten, bringen wir die Dinge vor Gott, die uns ganz natürlich in den Sinn kommen. Und der Heilige Geist „tritt für die Heiligen ein, wie es Gott gefällt" (Römer 8,27). Er ermöglicht es Gott, das Gebet zu beantworten. „Damit ihr Kinder seid eures Vaters im Himmel." Der Heilige Geist hat keinen besonderen Gefallen an menschlicher Weisheit, sondern nur an Gottes Weisheit.

Wenn wir erkennen, daß unser Leib der Tempel des Heiligen Geistes ist, werden wir dafür sorgen, daß dieser Tempel nicht beschmutzt und entehrt wird. „Mein Haus soll ein Bethaus heißen", sagte Jesus (Matthäus 21,13).

„Herr, wie sehr wünsche ich,
Dich zu erkennen,
Dich zu hören,
über Dich nachzudenken
und in Dir zu wachsen!
Du hast gesagt: Habe deine Lust am Herrn,
der wird dir geben, was dein Herz wünscht."

„Herr, ich kenne Deinen Segen und preise Dich.
Mein Herz sehnt sich nach dem Unaussprechlichen.
Ich kann es nicht in Worte fassen,
aber Du verstehst mich.
Wie sehne ich mich nach Dir!"

„Herr, ich lebe immer noch in einer dunklen Welt.
Im Glauben fühle ich Deine Nähe.
Ich möchte nicht vermessen sein,
möchte mich in Dir bergen und dort
sicher und geduldig ausharren,
bis ich so bin,
wie Du mich haben willst."

8. Fürbitte des Apostels Paulus um sofortige anhaltende Heiligung

Der Gott des Friedens aber heilige euch durch und durch und bewahre euren Geist samt Seele und Leib unversehrt, damit ihr untadelig seid bei der Ankunft unseres Herrn Jesus Christus. Treu ist er, der euch beruft; er wird's auch tun.
(1. Thess. 5,23-24)

Die Bibel spricht von der Absonderung des Gottesvolkes. Die einzelnen Glieder dieses Volkes sollen sich zum Dienst für Gott absondern. Wir sind auserwählt, damit wir von der Sünde abgesondert in dieser Welt leben. Gott, der uns berufen hat, erwartet von uns wahre Heiligung.

Zwei Gedanken dazu bewegen uns im Hinblick auf unsern Herrn. Erstens sonderte der Vater seinen Sohn Jesus für sein Erlösungswerk ab. „Wie sagt ihr denn zu dem, den der Vater geheiligt und in die Welt gesandt hat: Du lästerst Gott — weil ich gesagt habe: Ich bin Gottes Sohn?" (Johannes 10,36). Zweitens heiligte sich Jesus selbst für das Werk Gottes. „Ich heiligte mich selbst für sie, damit auch sie in Wahrheit geheiligt werden" (Johannes 17,19).

Unser Herr war heilig. Warum sagte er dann: „Ich heilige mich selbst"? Kurz gesagt: „Jesus heiligte seine Heiligung." Er opferte bewußt sein heiliges Ich seinem Vater. Jesus Christus sonderte sich selbst ab, das heißt, er heiligte sich selbst, indem er sich ganz dem Willen seines Vaters unterordnete. Er opferte seinen Verstand, indem er ihn Gottes Wort unterstellte. Er opferte seinen Willen, indem er ihn vor dem Willen des Vaters im Himmel beugte. Als die geheiligten Kinder Gottes sollten wir nicht vergessen, dies ebenfalls Gott nach unserer erfahrenen Heiligung zu opfern. Wir werden nicht zum Selbstzweck geheiligt, sondern für den Dienst. Es darf bei uns keine Gehorsamsverweigerung gegenüber Gott geben.

Die Mehrzahl von uns ist zu gleichgültig, zu religiös sentimental, um die Fürbitte des Apostels Paulus ganz nachvollziehen zu können. Oder erlauben wir Gott, das in uns zu tun, was er tun möchte?

Sind wir bereit zu beten: „Herr, mache mich so heilig, wie es bei einem aus Gnade erretteten Sünder nur möglich ist!"?

Manche sehnen sich nach der Erfahrung der Heiligung und beten darum. Sie erleben sie aber nicht. Andere erfahren ihre Heiligung plötzlich und sind sehr erstaunt darüber. Heiligung ist ein sofort wirksames, anhaltendes Werk der Gnade. Wie weit wir darin gekommen sind, hängt von uns selbst ab. Und das wiederum führt einige zu dem Trugschluß, Heiligung sei nicht sofort wirksam. Warum einige sie nicht erleben, liegt wohl daran, daß sie nie recht begreifen wollen, was Heiligung eigentlich ist.

Wenn wir solch ein Fürbittengebet wie der Apostel Paulus beten, müssen wir auch bereit sein, dem hohen Standard dieser Verse zu entsprechen. Ist uns bewußt, was solch eine Heiligung uns kosten wird? Sie verlangt eine Einschränkung all unserer irdischen Interessen und ein Offensein für die Interessen Gottes. Mit anderen Worten, Heiligung bedeutet eine intensive Konzentration auf Gottes Willen. Jede Kraft des Geistes, der Seele und des Willens ist allein an Gottes Plan gebunden und gehalten. Heiligung bedeutet, mit Gott eins zu sein, so wie auch der Herr Jesus Christus eins mit ihm war. „... damit sie eins sind wie wir." Das ist viel mehr als eine Vereinigung. Es ist eine gemeinsame Identität. Dieselbe Gesinnung, die Jesus beherrschte, herrscht dann auch in uns.

Sind wir darauf vorbereitet, was das kosten wird? Es kostet alles in mir, was nicht jetzt schon Gott gehört. Sind wir bereit, uns von Gott für sein Werk aussondern zu lassen, wie er Jesus aussonderte? Und wenn sein Werk getan ist, sind wir dann bereit, uns selbst für Gott auszusondern wie Jesus es tat? Wir brauchen dieses Ruhen in Gottes Wahrheit.

Das Vorbild für ein geheiligtes Leben ist der Herr Jesus Christus. Das Charakteristische an seinem Leben war die Unterordnung unter seinen Vater. Der Weg dahin besteht für uns darin, die Atmosphäre des Lebens Jesu gleichsam in uns „einzusaugen".

Ein besonderes Merkmal auch der geistlichen Menschen heute ist es, daß sie sich nicht unterordnen wollen. Wir haben zuchtlose geistliche Impulse, die Satan Gelegenheit bieten, die Auserwählten als Engel des Lichts zu verführen und sie nach Möglichkeit von Gottes Plan abzulenken. Wenn wir das Ergebnis geistlichen Ungehorsams kennenlernen wollen, müssen wir die zweite Hälfte von 1. Korinther 12 lesen. Dort haben wir ein Bild geistlicher Unordnung nach der absoluten Weigerung, sich dem Heiligen Geist unterzuordnen. Typisch für das Wirken des Heiligen Geistes in einem Menschen ist eine starke Angleichung an Jesus und eine Befreiung von allem, was Jesus nicht ähnlich ist.

Selbst die Besten unter uns sind oberflächlich und leichtfertig in bezug auf dieses große Geheimnis der Heiligung. Sind wir bereit, uns vom Geist Gottes erfassen und unter sein prüfendes Auge stellen zu lassen? Sind wir bereit, ein Werk nach Gottes Willen zu tun? Heiligung ist nicht unsere Vorstellung von dem, was Gott für uns tun müßte. Heiligung ist das, was Gott für uns tut. Der Heilige Geist bringt uns in die rechte Beziehung. Er schenkt uns das rechte Verhalten von Kopf und Herz, so daß wir es gern an uns geschehen lassen. Sind wir bereit, uns auf diesen Dienst des Heiligen Geistes einzulassen?

Der Apostel redet hier nicht von einer wissenschaftlichen Wahrheit, die der Verstand prüft. Eine geistliche Wahrheit können wir nur durch Erfahrung prüfen. Manche sagen: „Ich verstehe diese Lehre von der Heiligung nicht." Nun, dann sollten sie sich danach ausstrecken, sie zu erfahren. Man kommt doch auch nur heim, indem man nach Hause geht. Man kann sich zwar vorher Gedanken darüber machen, aber heim kommt man nur, wenn man losmarschiert. Bin ich bereit zu tun, was Jesus sagte, als er bat: „Kommet her zu mir."? Bin ich wirklich dazu bereit? Will ich tatsächlich durch eigene Erfahrung nachprüfen, ob das stimmt? Gott weist auf die Gefahr für jeden seiner Diener hin, der diese geistliche Logik nicht anwendet. „Erprobt es!" Immer, wenn wir das vergessen, wird der Heilige Geist uns erinnern: „Wie steht's mit dieser Heiligung bei dir?"

Der Wert innerer Ruhe

Der Gott des Friedens ...

Unter der Leitung des Heiligen Geistes stellt Paulus das Ablegen des Argwohns an die erste Stelle. Es existiert nämlich hartnäckig das Mißtrauen, Jesus Christus könnte den Auftrag, zu dem er auf diese Erde gekommen ist, nicht erfüllen. Wenn in uns nur ein Funke dieses Mißtrauens ist und wir nicht glauben, daß Gott, der Allmächtige, uns auf diese Weise heiligen kann, dann sollten wir dem Gott des Friedens erlauben, seinen Frieden über unseren geheimen Unglauben auszugießen. Bis dann alles still in uns geworden ist und nur noch eins zählt: Gott und unsere Seele. Es geht hier nicht um den Frieden des Gewissens. Es geht um den Frieden, der in der rechten Beziehung zu Gott liegt. „Meinen Frieden gebe ich euch", sagte Jesus Christus (Johannes 14,27). Als wir uns vom Gott des Friedens erretten ließen und jedes Mißtrauen aus unserem Herzen verbannten, bis wir ganz still vor Gott wurden, damals vertrauten wir ihm doch auch. An die Stelle des alten, ungläubigen Mißtrauens trat die moralische Übereinstimmung mit allem, was Gottes Wort von uns erwartete.

Außerdem sollten wir uns vom Gott des Friedens von unserem ungeduldigen Streben heilen lassen, alle Heiligung eigenhändig vollbringen zu wollen. Motto: „Ich kann selbst auf mich aufpassen. Wenn ich dieses und jenes unterlasse, bin ich schon in Ordnung." Nein, Paulus sagt: „Der Gott des Friedens heilige euch durch und durch" (1. Thessalonicher 5,23). Hat der Gott des Friedens uns schon zur Ruhe gebracht? Oder ist da innerlich immer noch Kampf und Aufruhr? Bauen wir noch unbeugsam auf unsere eigene Überzeugung und ringen hier und da nach Selbstverwirklichung? Oder gar nach „selbstgestrickter" Heiligung? „Der Gott des Friedens heilige euch durch und durch." Wenn wir wahrhaftig heilig sein wollen, muß es durch den Gott des Friedens geschehen. Die Kraft, die das Leben eines Heiligen prägt, kommt in keiner Weise aus seinen eigenen Bemühungen. Diese Kraft kommt vom Gott des Friedens selbst.

Einige von uns gebrauchen die Redewendung „durchbeten". Wodurch wir uns beten sollten, ist das hartnäckige, eigene Bemühen um Heiligung. Wir müssen es aufgeben! Und wir sollten auch das Mißtrauen in unserem Herzen an Gottes Kraft und Vermögen aufgeben. Wenn wir beides aufgeben und mit leeren Händen vor Gott stehen, wird Gott uns die Hände füllen und uns erfahren lassen, was Er vermag.

Dann kehrt der Friede Gottes und mit ihm eine alles umfassende Heiligung in unsere Herzen. Einige von uns sind solche unruhigen Geister, daß sie niemals auch nur einen Funken von dem erleben, was rechte Heiligung bedeutet. Allerdings sind Leute mit einem unruhigen Mundwerk nicht unbedingt Leute mit einem unruhigen, friedelosen Herzen. Und ausgeprägte Schweiger, die sich niemals laut freuen, können durchaus Mißtrauen in ihren Herzen hegen und pflegen.

Der Wert massiver Wahrheit

... heilige euch durch und durch

Wenn wir erst einmal vor Gott ruhig geworden sind und bereit, ihn an uns wirken zu lassen, dann gibt er uns Einblick in massive Wahrheiten wie: „Der Gott des Friedens aber heilige euch durch und durch" und bewahre euch in fleckenloser Lauterkeit. Das ist in Gottes Augen eine Sache ohne Tadel und Zensur. Die Fürbitte des Paulus dreht sich um eine sofortige, anhaltende Heiligung, die einen Menschen untadelig hält „bis zur Ankunft unseres Herrn Jesus Christus". Die meisten von uns haben nie lange genug über diese wunderbare, massive Wahrheit nachgedacht, über die konsequente Heiligung als Folge der Bekehrung. Von echter Heiligung kann nur in der Gegenwart Gottes gesprochen werden. Sie hat als Kennzeichen ein Ähnlichwerden dem Christus Gottes. Der Ausdruck „durch und durch" bezieht sich auf jedes Detail in mysterischer, moralischer und materieller Hinsicht.

Mystisch. „Und ich bete zu Gott, daß er euren Geist ... bewahre unversehrt." Das Wort „Geist" hat hier nicht dieselbe Bedeutung wie in Vers 19. Es geht vielmehr um die Persönlichkeit eines Menschen, der erfüllt ist mit dem Heiligen Geist, bis er zuletzt ganz in Gott lebt. Wo ist unsere Vorstellungs- und Gedankenwelt zu Hause? Wo unsere Phantasien? Woher stammen unsere Träume, die uns manchmal vor uns selbst erschrecken lassen?

Sie wohnen in unserem Unterbewußtsein. Und das großartige, geheimnisvolle Wirken des Heiligen Geistes geschieht auch in jenen mysteriösen Regionen, die sich unserem Griff entziehen. Wenn wir mehr über diese geheimnisvollen Bereiche erfahren wollen, sollten wir Psalm 139 lesen. Der Psalmist will uns mit diesem Psalm sagen: „Du bist der Gott der frühen Morgenstunden und der späten Abende, der Gott der Berge und der Meere. Aber, mein Gott, der Horizont meiner Seele reicht weiter als der früheste Morgen und die späteste Nacht, höher als irgendein Gebirge und tiefer als irgendein Meer. Mein Gott, du hast dies alles geschaffen, sei auch mein Gott! Ich kann die Höhen und Tiefen meiner Seele nicht ermessen. Da sind Triebe, die ich nicht erklären, und Träume, die ich nicht deuten kann. Mein Gott, erforsche mich und führe mich auf rechter Bahn."

Erkennen wir das ganze Ausmaß seiner Allmacht, wenn Gott uns seinen Frieden gibt? Glauben wir, daß Gott unsere Vorstel-

lungswelt in Besitz nehmen und uns weit über unser eigenes Vermögen heiligen kann? Haben wir begriffen, daß das Blut Jesu Christi uns von aller Sünde reinigt, wenn wir im Licht wandeln, wie
Gott im Licht ist? Das betrifft bei weitem nicht nur die uns bewußten Sünden; denn leider sind dem durch Sünden abgestumpften
Menschen seine Sünden kaum noch bewußt. Gereinigt werden
durch das Blut Jesu, das schließt alle Höhen und Tiefen unseres
Geistes ein, wenn wir im Licht Gottes wandeln, wie er im Licht ist.

Keiner von uns entspricht von Natur aus diesem Bild der wunderbaren Heiligung eines rechten Ebenbildes Gottes. Und viele
Gotteskinder wären nicht durch Satans Täuschungen vom rechten
Weg abgeirrt, hätten sie diese große Bitte des Paulus begriffen und
mitgebetet: „Heilige uns durch und durch!" Angefangen vom
Ursprung unseres persönlichen Seins, der nur Gott bekannt ist, bis
hin zu den verborgenen Höhenflügen unseres Geistes wären wir
dann erfüllt vom Gott des Friedens.

Moralisch. „Und bewahre eure Seele ... untadelig." Es gibt Menschen, die möchten einer mystischen Religion huldigen und ihren
Neigungen entsprechend leben. Jede geheiligte Seele ist zwar ein
Mysterium, aber sie lebt nicht nur in diesem Bereich. Der Mensch
besteht neben der Seele auch aus Leib und Geist. Und was für die
mystische Sphäre gilt, trifft auch für die moralische zu.

Möchte ein kleines Kind irgend etwas haben, das es nicht in
Worte fassen kann, so spricht es durch Gesten und Mimik. Es hat
noch nicht die Seelenkraft, sich selbst in Worten verständlich zu
machen. Paulus sagt hier nicht nur: „Der Gott des Friedens ...
bewahre euren Geist untadelig", sondern auch: „... bewahre eure
Seele untadelig." Sind wir dabei, Christi Sinn nachzueifern? Einem
Menschen wird zwar Jesu Geist gegeben, doch er hat noch nicht
seinen Sinn, solange er ihm nicht nacheifert. Wie können wir das?
Indem wir unseren Geist, unser Denken und Urteilen ganz in Jesu
Geist eintauchen. Dann werden wir allmählich die Einsichten
gewinnen, die Jesus hatte, bis am Ende der Geist Gottes, der Jesu
Lebensquelle war, auch unsere Seele durchtränkt.

Heiligung betrifft nicht nur die bestimmte Region, in der unser
geistliches Leben seinen Anfang nahm. Sie umfaßt den ganzen den-
kenden Menschen und heiligt seine Gedankenwelt und Urteils-
kraft. Wie verstehen wir zum Beispiel die Weltgeschichte? Entdek-
ken wir Gottes Arm dahinter? Wie beurteilen wir insgesamt die
Umstände unseres eigenen Lebens? „Die Sonne soll nicht mehr

dein Licht sein am Tage, und der Glanz des Mondes soll dir nicht mehr leuchten, sondern der Herr wird dein ewiges Licht und dein Gott wird dein Glanz sein" (Jesaja 60,19). Gottes Licht in uns wird uns leiten. Dann werden wir die Dinge, die sich Tag und Nacht um uns herum ereignen, besser verstehen lernen — was sonst nicht der Fall gewesen wäre. Ein einfacher, ungeschulter Mensch, der aber etwas von diesem Licht in sich trägt, gewinnt damit eine Einsicht in die Dinge, die der Verstandesmensch ohne den Geist Gottes nicht besitzt.

Leiblich. „Und bewahre ... euren Leib untadelig." Der Mensch existiert nicht nur mystisch und moralisch, sondern auch körperlich. Niemand sage, weil er einen Leib hat, könnte er keine Fortschritte machen. Dem Apostel Paulus war der Leib unsagbar heilig. Nach der Bibel ist er kein Fluch und kein Hindernis. Er ist der Tempel Gottes. „Oder wißt ihr nicht, daß euer Leib ein Tempel des Heiligen Geistes ist?" (1. Korinther 6,19). Nur, wenn ein Mensch ganz diesem Gott des Friedens angehört, bewahrt ihn die wunderbare Heiligkeit des Heiligen Geistes ganz, das heißt Geist, Seele und Leib. So wird der Mensch in wahrer Rechtschaffenheit untadelig bewahrt bis zur Ankunft unseres Herrn Jesus Christus. Ja, auch unser Leib wird bewahrt vor der Sünde, wenn wir mit den vielen verschiedenen Gegebenheiten dieses Lebens in Kontakt kommen. Am Anfang unseres geistlichen Erwachens neigen wir dazu, einem dieser drei Bereiche zuviel Aufmerksamkeit zu widmen, dann sieht Satan bei den andern seine Chance. Achten wir zuviel auf den Geist, setzt Satan bei den Nerven an.

Heiligung ist also ein sofort einsetzendes, anhaltendes Werk Gottes. Haben wir den Heiligen Geist empfangen — als Gnadengabe, aufgrund des Opfertodes Christi —, stehen wir sofort in der rechten Beziehung zu Gott. Das wird erkennbar an Geist, Seele und Leib. Der Grund, warum die Kirche als Ganzes nicht daran glaubt, liegt darin, daß sie sich nicht ganz durchtränken lassen will von dieser massiven, göttlichen Wahrheit. Deshalb hat Gott im Laufe der Kirchengeschichte immer wieder einige seiner Diener erweckt, die erneut diese intensive, vitale Heiligung von Leib, Seele und Geist in ihren Predigten betonten. So werden Gottes Kinder untadelig bewahrt bleiben bis zur Ankunft unseres Herrn Jesus Christus.

„Herr, wegen meiner körperlichen Schwäche
nähere ich mich Dir nur schwerfällig.
Doch mein Geist und Herz freuen sich in Dir.
Und mein Fleisch wird in Hoffnung ruhen.
Herr, rühre auch meinen Leib an,
damit ich Dir fröhlich danken kann.
Halte mich abgesondert vom Zeitgeist, o Herr,
und führe mich in die Nähe meines
himmlischen Königs!"

„Herr, ich bin traurig darüber,
daß so wenig von der Schönheit der Heiligung
an mir sichtbar wird.
Es ist eine Schönheit,
die auch ohne Worte
ein Ausdruck der Dankbarkeit
für Dein Rettungswerk ist.
Herr, laß mich mehr auf Dich sehen,
damit ich mehr von Deinem Licht zurückstrahle!"

„Herr, ich möchte Dich gern loben und preisen.
Wie schwer fällt es mir aber,
Dich recht zu preisen,
wenn ich körperlich nicht fit bin.
Warum ist das nur so?
Soll das heißen, ich preise Dich nur gern,
wenn es mir körperlich gut geht?
Herr, hilf, daß meine Seele Dich immer preist!"

9. Heute ist dieser Tag

*An dem Tag werdet ihr mich nichts mehr fragen. Wahrlich,
wahrlich, ich sage euch: Wenn ihr den Vater in meinem
Namen um etwas bittet, wird er's euch geben.*

(Johannes 16,23)

Unbestrittene Wirklichkeit

„Dieser Tag" reicht von Pfingsten bis zur Wiederkunft unseres
Herrn. Er hatte seinen Jüngern von seiner Rückkehr zum Vater
erzählt und ihnen erklärt, welche Folgen das für sie hätte. Was ihn
selbst betraf, so würde er dann allgegenwärtig, allmächtig und all-
wissend sein. Die Jünger fragten ihn, wann es soweit wäre. Und
Jesus antwortete: „An dem Tag werdet ihr mich nichts mehr fragen." Jesus bezog sich hier auf den ersten Pfingsttag, den Tag der
Ausgießung des Heiligen Geistes. Wie herrlich, an solch einem Tag
zu leben!

Eindeutige Offenbarung

Nach der Auferstehung hauchte unser Herr diese fragenden, ver-
wirrten, zweifelnden, niedergeschlagenen Jünger an und sprach:
„Empfanget den Heiligen Geist." Wenn wir die Berichte in Johannes und Lukas lesen, entdecken wir, daß ihre Augen geöffnet wurden und sie ihn erkannten, weil sie die Schrift kannten. Ihre inneren
Augen wurden geöffnet, und sie wußten jetzt, daß sie vom auferstandenen Herrn denselben Heiligen Geist empfangen hatten, der
auch ihn regierte.

Bedeutet das für uns, einfach dazusitzen, während um uns soviel
Leben auf manche Weise verlorengeht? Heißt das, wir sitzen mit
gefalteten Händen und stellen keine Fragen mehr? Nein, es bedeutet etwas, das viel wunderbarer und praktisch ist. Es besagt, daß wir
im Innersten wissen dürfen: Gott ist am Werk, der Heilige Geist
bestätigt das. Er formt uns innerlich beständig durch seinen Rat.
„Was er hören wird, wird er reden, und was zukünftig ist, wird er
euch verkündigen" (Johannes 16,13).

Ungestörte Beziehung

Wahrlich, wahrlich, ich sage euch: Wenn ihr den Vater in meinem Namen etwas bittet ...

„Dieser Tag" ist nicht nur der Tag klaren Verstehens, sondern auch der Tag ungestörter Beziehung zwischen Gott und uns selbst. Ebenso wie Jesus ungestört in der Gegenwart seines Vaters lebte, so können auch wir durch die mächtige Wirksamkeit des in uns wohnenden Heiligen Geistes zu derselben Beziehung erhoben werden. „Damit sie eins seien, wie wir eins sind." „Wenn ihr den Vater in meinem Namen — das heißt, in meinem geheiligten Wesen — etwas bitten werdet, wird er's euch geben."

Sind wir durch den Heiligen Geist zu Jesu Wesen wiedergeboren und empfangen die Merkmale der Familie Gottes, so wie Jesus sie hatte, dann können wir uns auch dieser ungestörten Beziehung zu Gott erfreuen. Das ist jedoch nur möglich auf Grund des wunderbaren Sühneopfers unseres Herrn.

Offene Anerkennung

... wird er's euch geben.

Jesus sagte, Gott würde Notiz nehmen von unsern Gebeten. Welch eine Herausforderung! Hat Jesus ein Recht dazu, dies zu sagen? Haben wir das auch nur einen Moment bedacht? Meint Jesus hier, durch seine Auferstehungskraft, seine Himmelfahrtskraft und dadurch, daß er den Heiligen Geist gesandt hat, kann er uns in dieselbe Beziehung zu Gott erheben, daß wir — wie Jesus — aus freier Entscheidung eins werden mit dem perfekten, souveränen Willen Gottes? Meint er wirklich, was er hier sagt?

„Bisher habt ihr in meinem Namen noch nie um etwas gebeten." Wie konnten sie auch um irgend etwas in seinem Namen bitten, wenn Gott ihnen noch nicht den wunderbaren Heiligen Geist gesandt hatte? „Bittet, und ihr werdet empfangen, daß eure Freude vollkommen sei." Jetzt beginnen wir zu verstehen, warum Jesus sagte: „Dann werdet ihr mich nichts fragen." An jenem Tag wird der Heilige Geist Jesus verherrlichen, ihn den Jüngern offenbaren, ihnen seine Worte wieder ins Gedächtnis zurückrufen und sie damit führen und leiten.

Wenn dann dunkle Wolken auftauchen, wissen Jesu Jünger, es

sind nur Staubwolken zu des Vaters Füßen. Und wenn die Schatten dunkel und schrecklich sind und sie sich fürchten, hindurchzugehen, dann werden sie trotzdem „niemanden finden als Jesus allein". In dieser wunderbaren Beziehung der Wiedergeborenen können wir im Kindschaftsverhältnis Jesu Christi, das uns durch den Heiligen Geist geschenkt wurde, den Vater im Himmel bitten. Damit wird zugleich die Aussage unseres souveränen Herrn erprobt: „Wahrlich, wahrlich, ich sage euch: Wenn ihr den Vater in meinem Namen um etwas bittet, wird er's euch geben."

„Herr, Du bist der heilige und allmächtige Gott
und machst alle Dinge recht,
offenbare Dich uns heute.
Ich möchte Dich erkennen.
Zieh mich näher zu Dir,
damit ich diese kostbare Kommunikation
mit Dir pflegen kann."

„Herr, ich preise Dich,
daß ich mich Deiner Gnade öffnen durfte.
Ich danke Dir für die vielen Gebete,
die mich wie eine himmlische Atmosphäre
eingehüllt haben."

„Herr, rette uns vor dem Zeitgeist,
der vielen von uns zu schaffen macht.
Er ist schädlich und verletzt die zarte Blüte
der ungestörten Beziehung zu Dir.
Halte unser Leben
mit Christus in Gott verborgen."

10. Fürbitte

„*Aber Abraham blieb stehen vor dem Herrn und trat zu ihm und sprach: Willst du denn den Gerechten mit dem Gottlosen umbringen? Es könnten vielleicht fünfzig Gerechte in der Stadt sein; wolltest du die umbringen und dem Ort nicht vergeben um fünfzig Gerechter willen, die darin wären? Das sei ferne von dir, daß du das tust und tötest den Gerechten mit dem Gottlosen, so daß der Gerechte wäre gleich wie der Gottlose! Das sei ferne von dir! Sollte der Richter aller Welt nicht gerecht richten?*
Der Herr sprach: Finde ich fünfzig Gerechte zu Sodom in der Stadt, so will ich um ihretwillen dem ganzen Ort vergeben. Abraham antwortete und sprach: Ach siehe, ich habe mich unterwunden, zu reden mit dem Herrn, wiewohl ich Erde und Asche bin. Es könnten vielleicht fünf weniger als fünfzig Gerechte darin sein; wolltest du denn die ganze Stadt verderben um der fünf willen? Er sprach: Finde ich darin fünfundvierzig, so will ich sie nicht verderben. Und er fuhr fort, mit ihm zu reden und sprach: Man könnte vielleicht vierzig darin finden. Er aber sprach: Ich will ihnen nichts tun um der vierzig willen. Abraham sprach: Zürne nicht Herr, daß ich noch mehr rede. Man könnte vielleicht dreißig darin finden. Er aber sprach: Finde ich dreißig darin, so will ich ihnen nichts tun. Und er sprach: Ach siehe, ich habe mich unterwunden, mit dem Herrn zu reden. Man könnte vielleicht zwanzig darin finden. Er antwortete: Ich will sie nicht verderben um der zwanzig willen. Und er sprach: Ach, zürne nicht, Herr, daß ich nur noch einmal rede. Man könnte vielleicht zehn darin finden. Er aber sprach: Ich will sie nicht verderben um der zehn willen. Und der Herr ging weg, nachdem er aufgehört hatte, mit Abraham zu reden; und Abraham kehrte wieder um an seinen Ort."

(*1. Mose 18,23-33*)

Die große Schwierigkeit in der Fürbitte bin ich selbst, nicht mehr und nicht weniger. Zunächst einmal muß ich selbst wieder in die

Schule gehen. Es gilt also nicht, die Freiheit zu verteidigen, sondern einen absoluten Meister zu finden. Wir halten es allerdings für ein Zeichen erhöhter Lebensqualität, keinen Meister über uns zu haben. Rebellische, stolze Menschenkinder brauchen keinen Meister — edle Leute brauchen ihn. Ich muß es lernen, mich nicht zu wichtig zu nehmen. Ich neige nämlich dazu, mein eigener Meister sein zu wollen. Dann bete ich mich selbst an.

Wir sind alle Pharisäer, bis wir gewillt sind, Fürbitte einzulegen. Wir müssen sozusagen gebückt in den Himmel eingehen. Das bedeutet, wir müssen es lernen, einige Dinge durchs Beten zu tun, nicht durchs Sehen. Das ist eine schwierige Lektion für uns. Ein Christ ist nicht sich selbst verantwortlich, sondern Christus. Wir halten das Gebet für eine gute Vorbereitung zum Dienst. Auch für eine gute Nachbereitung nach getaner Arbeit. Obwohl das Gebet eigentlich der wichtigste Dienst ist. Beten ist die wichtigste aller unserer guten Aktivitäten. Doch leider verwirklichen wir nicht das, was unser Meister uns lehrte. Wir ergehen uns lieber in frommen Spekulationen, vergessen aber die Anwendung im alltäglichen Leben.

Die Stärke und Selbstbeschränkung der Fürbitte

Wenn jemand sieht, daß sein Bruder eine Sünde tut, die nicht zum Tode führt, dann kann er bitten; so wird ihm das Leben — nämlich allen, die eine Sünde tun, die nicht zum Tode führt. Es gibt aber auch eine Sünde, die zum Tode führt; bei dieser sage ich nicht, daß jemand bitten soll.

(1. Johannes 5,16)

Wie können wir erkennen, ob jemand eine Sünde begeht, die zum Tode führt oder nicht? Allein durch die Fürbitte. Wenn wir nach eigenem Urteil richten, liegen wir falsch; denn wir neigen dazu, uns auf Wahrheiten, getrennt von Gott, zu stützen, und heften unseren Glauben auf das, was Gott getan hat, nicht aber auf den Gott, der es tat. Und wenn dann alles falsch läuft, hören wir mit unserer Fürbitte auf und fangen an, Gott Vorwürfe zu machen. Wir werden fanatisch. Wir beunruhigen den himmlischen Richter, indem wir sagen: „Du mußt dies oder das unbedingt tun!" Das ist keine Fürbitte. Damit wagen wir etwas, vor dem selbst die Engel zurückschrecken. Das ist Fanatismus und Wahnsinn. Wir bestürmen den Thron Gottes und weigern uns, seine Antwort auf unsere Meinung abzuwarten.

Hüten wir uns davor, Gott den Vorrang seiner Entscheidung streitig zu machen! Weil er schon einmal so oder so gehandelt hat, bedeutet dies nicht, daß er ganz bestimmt wieder so handelt. Wir machen leicht diesen Fehler und bemerken gar nicht, wie wir damit letztlich Gottes Entscheidung vorgreifen. Das ist kein Zeichen von geistlicher Größe oder Selbstbeherrschung. Wir nehmen uns dann so wichtig, daß wir ihn selbst nicht mehr als Gott anerkennen und ihm etwas diktieren wollen.

Die Erlösung durch das Sühneopfer unseres Herrn Jesus Christus umfaßt alles: Sünde, Krankheit, Behinderung und Tod. Doch wir dürfen nicht vergessen, dieses Opfer Jesu wirkt im Herrschaftsbereich Gottes. Es ist keine Frage, ob Gott uns von der Sünde erlösen will oder nicht. Es ist sein ausdrücklicher Wille, daß wir von der Sünde erlöst werden. Bei Krankheit und Behinderung geht es nicht darum, ob wir mit Gottes Willen übereinstimmen. Gottes souveränes Handeln ist ausschlaggebend. Und das schon vor der Zeitrechnung dazu bestimmte Sühneopfer Christi wirkt auch heute noch.

Wenn Menschen sagen: „Ich bin befreit durch dieses Sühneopfer, darum darf ich nicht mehr krank sein", dann machen sie einen fundamentalen Fehler. In der Bibel gibt es keinen Fall von Heilung, der nicht durch das souveräne Eingreifen Gottes geschah, und bei der Erlösung geht es nicht darum, daß wir Gott bitten, uns von der Sünde zu erlösen. Es kommt darauf an, daß wir die Erlösung annehmen. Wenn wir das vergessen, schließen wir den Herrn des Sühneopfers aus, machen daraus eine abstrakte Aussage und legen den Menschen schwere Lasten auf, die sie gar nicht tragen können — wie es damals die Pharisäer taten.

Von der Logik her haben sie recht. Das Sühneopfer ist allumfassend. Also sollte es weder Krankheit noch Tod geben. Wir dürften eigentlich nicht sterben, dürften logischerweise unter keiner Behinderung leiden und sollten in vollkommener, ungetrübter Beziehung zu Gott leben. Wer lehrt, wir lebten gegenwärtig schon in Auferstehungsleibern, stimmt gedanklich mit denen überein, die sagen, die Gesundheit des Leibes hinge allein davon ab, ob wir das Sühneopfer Christi annehmen oder nicht. Zu behaupten, wir hätten jetzt schon Auferstehungsleiber, ist aber absurd. Der Fehler liegt darin, daß man eine abstrakte Wahrheit von Gott getrennt und an die Stelle Gottes gesetzt hat.

Abraham war nicht fanatisch. Dabei geht es nicht darum, was Gott sagte, sondern zu wem Gott es sagte. Gott befal: „Opfere Isaak." Dann sagte Gott: „Tue es nicht." Ein Fanatiker hätte geantwortet: „Ich bleibe fest bei dem, was Gott gesagt hat. Die andere Stimme ist vom Teufel." Vorsicht, wenn einige Fügungen Gottes anders ausgehen als sie nach unserer Meinung hätten ausgehen müssen! Sehr anschaulich kann man die Rute der Züchtigung auf jene niederkommen sehen, die darauf bestehen, sie würden genau die Bedeutung des vorherbestimmten Wirkens von Christi Sühneopfer in unserer heutigen Zeit erkennen. Gott hatte schon vor ihrer gnädigen Erlaubnis durch das Sühneopfer Christi wunderbare Gaben ausgeteilt. Es gibt unzählige Fälle von Heilungen. Doch wenn ich die Heilung auf Grund des Sühneopfers von Gott fordere, dann ist das keine Fürbitte mehr. Dann werde ich zum Diktator Gottes. Wenn dann jemand krank ist, bete ich nicht mehr, sondern behaupte: „Er darf gar nicht krank sein." Damit habe ich bereits den Kontakt zu Gott unterbrochen.

Weisheit und Gehorsam der Fürbitte

„Darum macht es nicht wie sie. Denn euer Vater weiß, was ihr nötig habt, bevor ihr ihn bittet"

(Matthäus 6,8).

Gottes Antwort auf unser Gebet begründet unser Verständnis von Gott. Es ist ein Zeichen der Nachsicht Gottes, wenn er uns etwas gibt. Hört er auf, uns die erbetenen Dinge zu geben, fangen wir an, Gott erst richtig zu verstehen. Solange wir alles bekommen, um das wir beten, werden wir Gott nie recht verstehen. Dann betrachten wir ihn als automatischen Segensspender. „Euer Vater weiß, was ihr nötig habt, bevor ihr ihn bittet." Warum also noch beten? Um unseren Vater besser kennenzulernen! Es genügt nicht, wenn wir sagen: „Gott ist Liebe." Wir müssen erkennen, daß er Liebe ist, müssen vor ihm ausharren, bis wir erkennen: Gott ist Liebe und Gerechtigkeit. Dann ist unser Gebet beantwortet.

Je näher Abraham in seiner Fürbitte Gott kam, umso mehr erkannte er seine eigene Unwürdigkeit. Es gibt allerdings auch ein unehrliches Gefühl der Unwürdigkeit, das insgeheim ein Murren gegen Gott ist. Wenn wir einem andern Menschen gegenüber zurückhaltend sind, fühlen wir uns diesem Durchschnittsmenschen oft überlegen und würdigen ihn solange keines Wortes, bis er unsere Bedeutung anerkennt. Gebetslosigkeit vor Gott ist dasselbe. Wir schweigen vor Gott nicht etwa, weil wir uns für unwürdig halten, sondern weil wir meinen, Gott würdige unseren besonderen Fall zu wenig. Wir besäßen ein paar wertvolle Eigenschaften, die er gefälligst zu beachten hätte. Deshalb müssen wir noch einmal auf die Schulbank und lernen, uns nicht zu ernst zu nehmen und eine echte Unwürdigkeit vor Gott zu empfinden, die keine falsche Zurückhaltung kennt. Ein Kind hat normalerweise vor der Mutter keine Scheu, und ein Kind Gottes kennt vor allem seine vollständige Abhängigkeit vom Vater.

„Abraham sprach: Ach, zürne nicht, Herr, daß ich noch einmal rede. Man könnte vielleicht zehn darin finden. Jahwe aber sprach: Ich will sie nicht verderben um der zehn willen" (1. Mose 18,32). Abraham spricht seine Fürbitte aus, während die Engel zu einem letzten Test nach Sodom kommen. Nach dieser letzten Prüfung ist Fürbitte zwecklos. Abraham wußte, wann er den Schlußpunkt setzen mußte; denn er war voll und ganz bei der Sache, als er sein Fürbittengebet sprach. Neigen wir dazu, wenn uns etwas im Leben gegen den Strich geht, uns in den Schmollwinkel zurückzuziehen und zu sagen, wir könnten das doch nicht ändern? Aber durch die Fürbitte wäre es möglich. Durch unsere Fürbitte tut Gott Dinge, die er uns im Augenblick vielleicht noch nicht erkennen läßt. Und er offenbart uns mehr und mehr von seinem Charakter. Er schafft überall in der Welt durch seine wunderbare Erlösung und durch unsere Fürbitte Menschen mit neuem Leben. Darum sollten wir weise sein, nicht naseweis.

Zudringlichkeit und Eifer in der Fürbitte

„Ich sage euch: Und wenn er schon nicht aufsteht und ihm deshalb etwas gibt, weil er sein Freund ist, dann wird er doch wegen seiner Zudringlichkeit aufstehen und ihm geben, was er braucht"

(Lukas 11,8).

Eifer bedeutet, uns selbst aufzuraffen und anzutreiben, bis wir nicht mehr nur sitzen und die Hände in den Schoß legen, sondern uns selbst zum ernsthaften Gebet zwingen. „Er sagte ihnen aber ein Gleichnis darüber, daß sie allezeit beten und darin nicht nachlassen sollten" (Lukas 18,1). Wir lassen zwar leicht nach und zucken die Schultern. „Sollen sich andere mit dem Fürbittengebet plagen. Gott wird es schon zur rechten Zeit tun", entschuldigen wir uns. Doch er tut es ohne unsere Fürbitte eben nicht. Bleiben wir also dabei! Bringen wir unsere Seelen ins Schwitzen! Streben wir eifrig danach! Dann werden wir auf einmal erstaunt bekennen können: „Jetzt verstehe ich, Herr!" Ich rate allerdings davon ab, irgend jemandem von der neuen Erkenntnis zu erzählen, bis er innerlich selbst so weit ist.

Es geht also darum, daß wir Gott verstehen lernen. Es ist niemals Gottes Wille, daß wir geistliche Dummköpfe oder Babys bleiben. Gott will, daß wir seine Töchter und Söhne sind. Doch er entbindet uns nicht von dem Preis. Er schafft die Möglichkeit dazu. Aber tatsächlich als seine Söhne und Töchter leben, das müssen wir schon selber tun.

Sind wir bereit, eindringlich beten zu lernen? Wollen wir dadurch Gott besser verstehen? Wir können es nur, in dem wir zur Tat schreiten und beten — nicht aber, indem wir nur diskutieren und disputieren. Halten wir uns daran. Wir brauchen über das wahre Wesen unseres Gottes nicht im unklaren zu bleiben; denn Jesus hat es bereits klargemacht. Die Bergpredigt hat mehr mit dem Gebet zu tun als sonst etwas. Sie spricht vom Ende der Selbstverwöhnung des Leibes, der Seele und des Geistes, vom Ende der Selbstverzärtelung überhaupt und erwartet ein eifriges Ausstrekken nach Gott, damit wir ihn besser verstehen.

Das Sakrament und die Einsetzung des Fürbittengebets

Und er kam zu seinen Jüngern und fand sie schlafend und sagte zu Petrus: Könnt ihr denn nicht eine Stunde mit mir wachen?

Matthäus 26,40

Es ist eine wunderbare Sache, mit Gott zu wachen, statt ihm die Mühe zu überlassen, immer nur auf uns aufzupassen, daß wir uns ja nicht die Finger verbrennen. Wir beanspruchen sonst für uns allein die ganze Ordnung des Himmels. Gott möchte, daß wir mit ihm wachen. Wir sollen ihn so gut verstehen, daß wir ihm keine zusätzliche Mühe bereiten, sondern ihm allen Grund zur Freude geben. Er kann uns tatsächlich als Gehilfen gebrauchen und muß nicht immer nur für uns seine Himmelsboten als Aufsicht einsetzen.

„Herr, mein Gott, ich komme heute mit dem Gefühl zu Dir,
geistlich versagt zu haben.
Reinige mich durch Deine Gnade,
und setze mich wieder ein
in das himmlische Wesen
durch Jesus Christus.
Ach, daß doch die liebliche Sanftmut Jesu
mehr und mehr in mir sichtbar würde!"

„Herr, Du weißt, mit welch rückhaltlosem Vertrauen
ich zu Dir aufblicke.
Ach, laß doch Deine Macht und Deinen Frieden,
Deine Gnade und Deine Wahrheit
auch heute über uns strahlen!"

„Herr, wie sehne ich mich danach,
die Reichweite Deiner Macht,
die Auswirkungen Deiner Gnade
und das Wehen Deines Geistes
mit eigenen Augen zu sehen!
Herr, hilf mir, daß ich durch Deine Gnade
einst vor Dir stehen werde."

11. Der Schlüssel zum Dienst

Darum bittet den Herrn der Ernte, daß er Arbeiter in seine Ernte sendet

(Matthäus 9,38)

Dies ist der Schlüssel zum ganzen Problem des christlichen Dienstes. Es hört sich so einfach an, ist aber sehr bedeutsam, weil unser Herr es sagte.

Unseres Meisters Befehl

Darum bittet . . .

Das Gebet wird im allgemeinen für eine fromme Andachtsübung gehalten und als mehr oder weniger unpraktisch für das tägliche Leben angesehen. Unser Herr betonte in seiner Lehre immer das Gebet für den Dienst, nicht die Vorbereitung für den Dienst. Wir danken zwar Gott für die wunderbare Organisation des heutigen christlichen Dienstes, für die medizinischen Missionen, die schulischen Missionen und für den praktischen Dienst in jeder Art und Form. Doch das sind sozusagen Teile vom Schlüsselloch. Der Schlüssel selbst ist nicht eine dieser Organisationen, der Schlüssel liegt in unserer eigenen Hand, seitdem unser Herr sagte: „Darum bittet."

„Wahrlich, wahrlich, ich sage euch: Wer an mich glaubt, der wird die Werke, die ich tue, auch tun, und er wird noch größere als diese tun; denn ich gehe zum Vater. Und worum ihr bitten werdet in meinem Namen, das will ich tun, damit der Vater im Sohn verherrlicht wird" (Johannes 14,12-13). Wurden wirklich größere Werke getan? Ganz sicher! Die Männer, zu denen der Herr diese Worte sprach, schrieben das Neue Testament. Sie konnten es schreiben, weil unser verherrlichter Herr den persönlichen Fürsprecher, den Heiligen Geist, sandte. Nicht nur die Kraft des Heiligen Geistes — seine Kraft und sein Einfluß waren schon vor Pfingsten am Werk —, er sandte den Heiligen Geist persönlich auf die Erde, wo er bis zu dieser Stunde wirkte und durch seine Macht und

Inspiration „größere Werke" schuf, unter anderem das Neue Testament.

Und was bedeutet das für uns? Sollen wir auch größere Werke als Jesus damals tun? Ganz sicher! Was unser Herr sagt, das meint er auch. Grundsätzlich sollten wir auf die Worte unseres Meisters bezüglich des Gebets genau hören. Er legte großen Wert auf das Gebet. Für ihn war es keine Vorbereitung für den Dienst, keine fromme Andachtsübung, sondern es war Dienst. Es besteht die echte Gefahr, das Gebet als Ritus zu betrachten, statt als Dienst. Doch es ist Dienst für Gott. Es geschieht leicht, wenn wir unseren Herrn aus dem Auge verlieren und die Betonung nicht auf seine Worte, sondern auf das Erbetene selbst legen.

Wir beten auf der großartigen, fundamentalen Basis der Erlösung durch den Opfertod Jesu Christi. Und unsere Gebete gewinnen an Wirkung durch die wunderbare Gegenwart des persönlichen Heiligen Geistes in dieser Welt. Gebet ist einfach und übernatürlich zugleich. Doch in den Augen der Menschen, die nicht zu unserem Herrn Jesus Christus gehören, ist das Gebet aber töricht. Es erscheint ihnen zu unwahrscheinlich, daß Gott als Antwort auf das Gebet etwas tut. Und doch versprach dies unser Herr. Das Gebet war die Basis aller Werke unseres Herrn. Darum heißt auch der Schlüssel zu unserem christlichen Dienst: „Darum bittet."

Wenn wir für andere beten, wirkt der Geist Gottes in der Region ihres Unterbewußtseins, über die wir so wenig wissen. Und auch der, für den wir beten, weiß nichts davon. Doch nach einer gewissen Zeit zeigt das Bewußtsein dessen, für den gebetet wurde, Zeichen von Unrast und Unruhe. Vielleicht haben wir vorher mit Worten versucht, ihn innerlich zu erreichen. Es half nichts, wir kamen keinen Schritt voran und mußten, der Verzweiflung nahe, aufgeben. Doch als wir für diesen Menschen gebetet hatten, entdeckten wir eines Tages bei einem Zusammentreffen, daß sich in ihm etwas regte und Fragen aufkamen.

Diese Art von Fürbitte richtet in Satans Reich die größten Zerstörungen an. Am Anfang ist diese Fürbitte so unauffällig und so schwach, daß wir ohne die Verbindung und das Licht des Heiligen Geistes gar nicht weiterbeten würden. Und doch ist es die Art von Fürbitte, auf die das Neue Testament den größten Wert legt, obwohl sie nach außen hin so wenig aufzuweisen hat. Es erscheint töricht, wenn wir glauben, wir brauchten nur zu beten und es würde geschehen. Doch vergessen wir nicht, zu wem wir beten.

Wir beten zu einem Gott, der die Tiefen des Unterbewußtseins kennt, über die wir nichts wissen. Außerdem hat er uns geboten zu beten. Der große Meister des menschlichen Herzens sagte: „Ihr werdet größere Werke als diese tun ... und worum ihr bitten werdet in meinem Namen, das will ich tun" (Johannes 14,12-13).

Das Fürbittengebet ist nicht nur der eigentliche Dienst, es bringt auch bleibende Frucht. Unser Herr benutzt das Gebet, um Früchte für die Ewigkeit zu schaffen und zu erhalten. Doch vergessen wir nie, es gründet auf Jesu Todeskampf, nicht auf unserem eigenen Ringen. „Nicht ihr habt mich erwählt, sondern ich habe euch erwählt und dazu eingesetzt, daß ihr hingeht und Frucht bringt und eure Frucht bleibe. Wenn ihr dann den Vater in meinem Namen bittet, wird er's euch geben" (Johannes 15,16).

Das Fürbittengebet ist nicht nur der Weg, bleibende Frucht zu bringen, es ist auch eine Kampfhandlung. „Ziehet die Waffenrüstung Gottes an ... damit ihr bestehen könnt ..." Und dann betet. Paulus sagt: „Bittet für alle Heiligen und auch für mich" (Epheser 6,11-19). Vergessen wir nicht oft, nach unseres Herrn Gebot für alle, die in Jesu Dienst stehen, zu beten? Wenn der Apostel Paulus allen Ernstes darum bat, für ihn zu beten, damit er „freimütig das Geheimnis des Evangeliums verkünden" konnte, dann sollten wir sicher nicht vergessen, daß dies der Schlüssel zu jedem christlichen Werk ist, den der Herr selbst uns in die Hände gegeben hat. Nicht beten, weil wir hilflos sind, sondern beten, weil Gott allmächtig ist.

Unseres Meisters Eigentum

... den Herrn der Ernte ...

Jesus sagte nicht: „Geht aufs Feld." Er sagte: „Bittet den Herrn der Ernte." Das bedeutet nicht so sehr, daß die Welt diese Ernte ist. Es besagt vielmehr, daß es unzählige Menschen gibt, die in einer Lebenskrise stecken und „schon reif zur Ernte" sind. Wir finden sie überall, nicht nur in fernen Ländern, sondern auch in der Nachbarschaft. Und wir erkennen sie nicht durch unseren Verstand oder irgendeinen Hinweis, sondern durchs Gebet. Denken wir doch einmal an die unzähligen Krisen, durch die die Menschen unserer Zeit gehen müssen. „Sagt ihr nicht: Es sind noch vier Monate, dann kommt die Ernte? Siehe, ich sage euch: Schaut hin auf die Felder, denn sie sind reif zur Ernte." — „Darum bittet den Herrn der Ernte, daß er Arbeiter in seine Ernte sende."

Wenn wir die letzten Verse des Matthäusevangeliums lesen, sind wir geneigt, die Betonung auf: „Gehet hin und lehret alle Völker" zu legen. Doch wir sollten betonen: „Gehet ... weil mir alle Macht gegeben ist im Himmel und auf Erden." Dann betonen wir das, was unser Herr sagen wollte: „Gehet ... und sehet, ich bin bei euch alle Tage." So kann er sein Werk durch uns tun.

Unseres Meisters Entscheidung

... daß er Arbeiter in seine Ernte sende ...

Es gibt nur ein Missionsfeld, das keine „eingebauten Fallen" hat, das ist das Feld der Fürbitte. Auf allen anderen Feldern liegen die ehrenvollen, aber gefährlichen Fallstricke der Publizität, nicht auf dem Feld der Fürbitte. Der Schlüssel zu all unserem Dienst für Gott liegt dann in dem so gering geachteten Wort: „Betet." Beten ist der Dienst der „Erntearbeiter".

Beten ist darum so wichtig, weil unser Herr selbst darauf hingewiesen hat, daß ein Gebet auf der Basis der Erlösung der wirksamste Schlüssel ist, den er in unsere Hand gegeben hat. Außerdem ist es wegen der Anwesenheit des Heiligen Geistes in unseren Tagen so wichtig. Wir erhalten dieses Wissen um die Gegenwart des Heiligen Geistes nicht in erster Linie durch Erfahrung, sondern durch das Zeugnis unseres Herrn Jesus Christus. Dieses Zeugnis besagt, daß er bei uns ist. Und die eigentliche Erfahrung, die der Heilige Geist in uns wirkt, ist die Verherrlichung unseres Herrn. Wir kennen den Heiligen Geist zuerst durch Jesu Zeugnis und dann erst durch die bewußte Freude über seine Gegenwart.

„Darum bittet ..." Beten ist Arbeit. Kein Todeskampf, aber Arbeit auf dem Boden der Erlösung durch den Sühnetod unseres Herrn, auf den wir uns verlassen dürfen. Beten ist für uns einfach, weil es ihn soviel gekostet hat. Gott verspricht uns, daß wir Siege für ihn erringen, wenn wir diesen von ihm gewiesenen Weg gehen.

„Herr, dieser Morgen vertreibt jeden Nebel
und scheint hell und klar und erfrischend.
Vergib mir meine Trägheit.
Es dauert so lange,
wachzuwerden für ganz bestimmte Dienste."
„Allwissender Herr und Gott,
gib mir an diesem Tag Weisheit,
damit ich Dir nach Deinem Wohlgefallen dienen kann."

„Herr, zeige mir mehr und mehr
Deine Vollkommenheit und Schönheit.
Dunkel und alarmierend sind die Wolken
des Krieges und der Bosheit,
und wir wissen oft nicht,
wie es weitergehen soll.
Doch Du weißt es.
Du bist Herr und Gott,
und Du regierst."

12. Die wenig beachtete Logik des Gebets

Ebenso hilft auch der Geist unserer Schwachheit auf. Denn wir wissen nicht, was wir beten sollen, wie sich's gebührt; sondern der Geist selbst tritt für uns ein mit unaussprechlichem Seufzen. Der aber die Herzen erforscht, der weiß, was der Geist will; denn er tritt für die Heiligen ein, wie es Gott gefällt. Wir wissen aber, daß denen, die Gott lieben, alle Dinge zum Besten dienen, denen, die nach seinem Ratschluß berufen sind.

(Römer 8,26-28)

„Betet allezeit mit Bitten und Flehen im Geist ..." (Epheser 6,18). „Betet in der Kraft des Heiligen Geistes ..." (Judas 20).

Epheser 6,18 und Judas 20 sind nicht ganz identisch mit Römer 8,26. Bei den ersteren betet der Mensch in der Atmosphäre, die der Heilige Geist schafft, der in ihm wohnt und ihn umgibt. Bei der letzteren betet der Heilige Geist im Menschen selbst. Die Ähnlichkeit ist offensichtlich, trotzdem wird der Unterschied oft nicht genug herausgestellt. Wir erkennen, daß wir durch den Heiligen Geist die Kraft zum Gebet bekommen. Wir wissen, was es heißt, in der Atmosphäre und Gegenwart des Heiligen Geistes zu beten. Doch wir erkennen oft nicht, daß der Heilige Geist selbst in uns Gebete spricht, die wir nicht in Worte fassen können.

Die unerkannte Philosophie des Gebets

„Ebenso hilft auch der Geist unserer Schwachheit auf. Denn wir wissen nicht, was wir beten sollen, wie sich's gebührt; sondern der Geist selbst tritt für uns ein mit unaussprechlichem Seufzen"

(Römer 8,26).

Was wir nicht genügend bedenken, ist der gegenseitige Wechsel zwischen dem Geist Gottes und unserem menschlichen Geist.

Diese „Austauschaktion" zu jedem Zeitpunkt unseres religiösen Lebens wird hier anschaulich dargestellt. Das beste Beispiel dafür gibt unser Herr Jesus Christus. Wir sind oft unfähig zu reden, so daß der Geist Gottes unserer Schwachheit aushelfen muß. Unser Herr kannte den Unterschied zwischen seinem eigenen Geist und dem Geist Gottes. Sein Geist unterstellt sich immer dem Willen Gottes. „Von mir selbst kann ich nichts tun."

Die unerkannte Wahrheit unserer Schwachheit

Ebenso hilft auch der Geist unserer Schwachheit auf . . .

Wie nun unsere Gebete beantwortet werden, das ist ein anderer Punkt im Neuen Testament. Nach dem Neuen Testament beantwortet Gott in den Gebeten unsere Armut. Wir brauchen keine große Geisteskraft vorzuweisen, um eine Antwort zu bekommen. Auch sollten wir nicht das Gebet als geistliche Übung betrachten. „Betet ohne Unterlaß." Wir lesen, daß die Jünger unseren Herrn baten: „Herr, lehre uns beten." Diese Jünger kannten sich sehr wohl mit den jüdischen Gebeten aus. Als sie jedoch in näheren Kontakt zu Jesus kamen, mußten sie feststellen, daß sie nicht wußten, wie sie richtig beten sollten. Unser Herr mußte ihnen erst die Anfangsgründe des Gebets beibringen.

Die meisten von uns erinnern sich vielleicht an eine Zeit vor der Wiedergeburt, als wir „religiös" waren und ganz leicht beten konnten. Als wir dann den Heiligen Geist empfangen hatten, machten wir plötzlich dieselbe Erfahrung, die Paulus hier erwähnt. Wir entdeckten unser völliges Unvermögen und stellten fest: „Ich kann nicht beten." Wir erkannten nicht nur die Kraft, die Gott uns durch den Heiligen Geist gegeben hatte, sondern auch unser eigenes Unvermögen, die rechten Worte zum Gebet zu finden. Wir verhindern aber wahre Anbetung, wenn wir diese beiden Dinge nicht bedenken. Paulus weist in seinen Versen darauf hin, daß wir im Gebet dem Heiligen Geist vertrauen sollen. Diese Punkte übersehen wir oft. Das hört sich zwar so leicht an, doch Paulus berührt hier etwas, an das wir uns stets erinnern sollten. Er deckt die Tatsache unseres Unvermögens auf. Die Quelle unseres Starkwerdens liegt darin, daß wir den Heiligen Geist empfangen, auf ihn achten und uns auf ihn verlassen.

Die unaussprechliche Qual unserer Unfähigkeit

Denn wir wissen nicht, was wir beten sollen ...

Der einzige feste Grund, von dem aus selbst der heiligste Heilige dieser Welt jemals von Gott erhört wurde, findet sich in Hebräer 10,19: „So haben wir nun, liebe Brüder, durch *das Blut Jesu* die Freiheit zum Eintritt in das Heiligtum." Es gibt keinen anderen Grund. Wenn wir in die Gegenwart Gottes kommen, wird uns durch die menschliche Seite unseres Gebetes klar, was Paulus uns zu lehren versucht. Wenn wir uns Gott nähern und erhört werden wollen, muß es auf der „Linie von Gott in uns" geschehen, die Gott uns geschenkt hat. Einige der Qualitäten Gottes müssen sozusagen erst mit uns verschmelzen, bevor unsere Gebete so sind, daß Gott sie akzeptieren kann.

Obwohl wir alle die Aussage von Lukas 11,13 kennen, erinnern wir uns nicht mehr daran, daß unser Herr diese Worte im Zusammenhang mit dem Empfang des Heiligen Geistes für das Gebet sprach. Paulus geht in Römer 8,26 genauer auf das ein, was Jesus in Lukas 11,13 sagt. Wenn ich also feststelle, daß ich mich Gott nicht nähern kann ..., daß ich nicht lernen will, die Welt mit Gottes Augen zu betrachten ..., daß ich durch Dinge gehindert bin, die meine menschlichen Augen sehen, die mein Fleisch begehrt, um die Leere in meinem Herzen auszufüllen ..., dann geht es um das, was Jesus hier mit „die ihr böse seid" meint. Wir wissen, damit ist unsere Schwachheit gemeint. Wenn wir jedoch um den Heiligen Geist bitten, wird Gott ihn uns geben (vergl. Matthäus 7,11). Das bedeutet, daß einige der Qualitäten Gottes erst in uns „verschmelzen" müssen, damit ich auf diesem von Gott selbst geschaffenen Grund recht beten kann. Anders kommen wir Gott nicht nahe. Unser Unvermögen überwältigt uns, und die Worte bleiben uns im Halse stecken. Wir können nur im Geist recht beten, das heißt, im Heiligen Geist, der uns geschenkt wird. Alles andere wird schwerfällig, also „eine schwere Last".

Zweifellos wird dann unsere sündige Veranlagung durch Heiligkeit ersetzt. Doch Paulus unterstreicht, daß der Leib sich in diesem Leben nicht ändert. Unser alter Leib mit der sündigen Veranlagung bleibt (vergl. Römer 6,12-19). Wir sollen nun diesen alten menschlichen Leib benutzen und ihn zum Sklaven des neuen, geistlichen Menschen „in Christus" machen. Und wir sollen die Notwendigkeit erkennen lernen, es mehr durchs Gebet zu tun als durch irgend etwas anderes.

Die unaussprechlich große Anteilnahme der Fürbitte

Sondern der Geist selbst tritt für uns ein mit unaussprechlichem Seufzen

Der Geist des Menschen, sei er nun vom Geist Gottes gelenkt oder nicht, neigt dazu, sich selbst durch den Leib auszudrücken. Wenn das nicht auf vernünftige Weise geschehen kann, geschieht es eben unvernünftig und oft auch unklug. Treibt der Geist Gottes aber einen Menschen an, so wird der Mensch sozusagen hineingehoben in das große Geheimnis der Fürbitte des Heiligen Geistes. Wenn es dem Heiligen Geist gestattet wird, des Menschen Geist anzutreiben, faßt er das Unaussprechliche in Worte. Man bedenke, was das bedeutet! Wir werden durch den Heiligen Geist belebt, der in uns mit einer Zartheit herrschen will, die ganz dem Willen Gottes entspricht, und der uns durch die Fürbitte erstaunliche Dinge offenbaren will.

„Das Gebet des Elenden dringt durch die Wolken." Der Sünder, der sich beschämt und mutlos an die eigene Brust klopft, ist Gott im Gebet am nächsten. Haben wir je über dieses Element des Gebetes nachgedacht? Es ist ein Fehler, das Gebet nur nach dem äußeren Schein, nicht aber nach dem geistlichen Gehalt zu bewerten. Es ist ein Fehler zu behaupten, das Gebet sei himmlisch, weil es uns Frieden und Freude bringt und macht, daß wir uns besser fühlen. Das ist mehr eine äußerliche Wirkung des Gebets. Das ist aber keine wahre, uns von Gott gegebene Offenbarung. Die sieht nämlich so aus: Wenn wir durch den Heiligen Geist wiedergeboren sind und er in uns wohnt, dann tritt er mit einer Besorgtheit und einem Verständnis fürbittend vor unseren Herrn, daß er auch das Unaussprechliche ausdrücken kann.

Die beispiellose Kraft des Gebets

Der aber die Herzen erforscht, der weiß, was der Geist will;
denn er tritt für die Heiligen ein, wie es Gott gefällt.
(Römer 8,27)

Das unvorstellbare Interesse Gottes

„Der aber die Herzen erforscht, der weiß, was der Geist will ...“
Wenn der Heilige Geist in die verborgenen Sphären unseres
Lebens kommt, macht er sowohl unserem Unterbewußtsein als
auch unserem Bewußtsein die Bedeutung des Sühneopfers Christi
klar. Er läßt uns die Sünde mit Gottes Augen betrachten. Und nur,
wenn wir die unvorstellbare Macht des Heiligen Geistes in uns
begriffen haben, verstehen wir Johannes 1,7 recht: „Das Blut Jesu,
seines Sohnes, macht uns rein von aller Sünde.“ Das bezieht sich
nicht nur auf die bewußten Sünden, sondern auch auf die Sünden,
die uns allein der Heilige Geist aufdecken kann. Gott erforscht unsere Herzen, um die Fürbitten des Heiligen Geistes darin zu entdecken.

Außerordentliche Gedanken werden im Buch Gottes ausge-
drückt. Und solange wir noch nicht gelernt haben, uns auf den
Heiligen Geist zu verlassen, werden wir stöhnen: „Oh, das werde
ich nie begreifen!“ Aber der Heilige Geist in uns begreift es. Wenn
wir darauf achten und uns auf ihn verlassen, wird er wirken und
fürbittend für uns eintreten — ob uns das nun bewußt ist oder nicht.
Wir dürfen nur nicht vergessen, es vom geistlichen Standpunkt aus
zu bedenken. Verlassen wir uns niemals auf unsere persönliche
Erfahrung der Errettung, der Heiligung oder der Taufe mit dem
Heiligen Geist. Diese Erfahrungen sind nur Eingangstüren in ein
neues Leben. Wir müssen den größeren Gedanken dahinter verstehen lernen, daß nämlich der Heilige Geist in uns im Sinne Gottes
und unseres Herrn Jesus Christus am Werke ist.

Die unentdeckte Fürbitte vor Gott

„Denn er tritt für die Heiligen ein ...!“ Wer tut das? Der Heilige
Geist in uns. Und Gott erforscht unsere Herzen, nicht um heraus-
zufinden, was wir im Gebet bewußt meinen, sondern was der Heilige Geist hinter all unseren Gebeten meint. „Und man hörte die

Flügel der Cherubim rauschen bis in den äußeren Vorhof wie die Stimme des allmächtigen Gottes, wenn er redet" (Hesekiel 10,5). Die Stimme des Gebets in den Heiligen ist identisch mit der Stimme des allmächtigen Gottes. Und langsam, aber sicher entdeckt Gott im Leben des einzelnen Heiligen, was er auch immer im Leben seines Sohnes entdeckte, der gesagt hatte: „Meine Speise ist die, daß ich den Willen dessen tue, der mich gesandt hat" (vergl. Johannes 4,34). Wenn wir uns auf den Heiligen Geist verlassen, lernen wir darüber nachzudenken, was dieser Ausdruck des unaussprechlichen Seufzens in uns bedeutet.

Die unübertroffene Identifikation mit Gott

„Wie es Gott gefällt." Blicken wir einmal zurück über unsere eigene Geschichte des Gesprächs mit Gott. Dann entdecken wir, daß die Tage, an denen wir sehr zungenfertig unsere Gebete sprachen, vorüber sind. Wenn wir dabei nur die rein äußerliche Entwicklung betrachten, wurden unsere Gebete erstaunlich vertraulich und geläufig. Wir selbst wurden erstaunlich hart, fast stahlhart. Verlassen wir uns jedoch auf den Heiligen Geist, werden wir entdecken, daß unsere Gebete immer unartikulierter werden. Und wenn sie nicht mehr so glatt von der Zunge gehen, wächst unsere Ehrfurcht und wird immer größer. Ja, unziemliche Vertraulichkeiten vor Gott sind uns wie ein Schlag ins Gesicht.

Es ist etwas hoffnungslos Unangebrachtes, Unziemliches in einer leichtfertig vorgebrachten Kommunikation mit Gott. Wir können immer unser Wachstum in der Gnade an dem messen, was Paulus hier sagt. Wachse ich also langsam, um die Gebete mit Gott nur noch zu lispeln? Erfährt Gott Genugtuung (wenn ich es einmal so ausdrücken darf), in dem er sieht, daß sein Heiliger Geist letztlich doch in einem Menschenleben zum Zuge kommt, damit allein sein Sohn verherrlicht wird?

Die wenig beachtete Vorsorge des Gebets

„Wir wissen aber, daß denen, die Gott lieben, alle Dinge zum Besten dienen".

(Römer 8,28)

Auf den ersten Blick erscheint dieser Vers nichts mit den vorhergehenden Versen zu tun zu haben. Trotzdem ist da ein erstaunlicher Zusammenhang.

Das makellose Heiligtum des Bewußtseins

„Wir wissen aber, daß denen, die Gott lieben ..." Erinnern wir uns, daß Paulus niemals müde wurde zu sagen: „Wißt ihr nicht, daß euer Leib der Tempel des Heiligen Geistes ist?" Rufen wir einmal ins Gedächtnis zurück, was Jesus Christus vom historischen Tempel sagte, der ja das Symbol für den menschlichen Leib ist. Erbarmungslos trieb er die hinaus, die im Tempel wie in einem Kaufhaus kauften und verkauften. „Es steht geschrieben (Jesaja 56,7): Mein Haus soll ein Bethaus heißen; ihr aber macht eine Räuberhöhle daraus" (Matthäus 21,13). Das sollten wir auf uns selbst anwenden und nicht vergessen, daß unser Bewußtsein, wenn auch nur ein winziges Stück unserer Persönlichkeit, so doch von uns als Heiligtum oder Schrein des Heiligen Geistes angesehen wird. Der Heilige Geist beobachtet auch das Unterbewußtsein, das uns unbekannt ist. Wir selbst jedoch sind für unser Bewußtsein verantwortlich und sollen es als Schrein des Heiligen Geistes betrachten. Wenn wir das recht sorgfältig tun, werden wir auch sorgsam darauf achten, daß wir unsern Leib vor Gott makellos und rein erhalten.

Die unbemerkte Heiligkeit der Umstände

„Alle Dinge dienen zum Besten ..." Die äußeren Umstände im Leben seiner Heiligen sind Fügungen Gottes und keine glücklichen Zufälle. Im Leben eines Gläubigen gibt es keine Zufälle. Wir werden entdecken, wie Gott in seiner Vorsorge unsere Leiber in äußere Umstände bringt, die wir nicht verstehen. Der Geist Gottes jedoch versteht sie. Er bringt uns an Orte, unter Menschen und in bestimmte Situationen, damit der Heilige Geist in uns in ganz besonderer Weise wirken kann.

Versuchen wir darum nicht, die Umstände in eigener Regie zu ändern und zu sagen: „Jetzt werde ich meine eigene Vorsorge treffen und beweisen, daß ich nicht auf den Kopf gefallen bin." Es heißt aber: „Verlaß dich auf den Herrn von ganzem Herzen, und verlaß dich nicht auf deinen Verstand" (Sprüche 3,5). Wir sollten nie vergessen, daß alle unsere äußeren Umstände in Gottes Hand liegen.

Der Heilige Geist verleiht den Umständen eine gewisse Würde, so daß wir etwas von den Mühen Jesu Christi begreifen. Es geht nicht darum, daß wir in der Fürbitte seine Todesqual nachvollziehen, sondern darum, daß wir einfach Fürbitte tun für die Menschen, zwischen die er uns gestellt hat. Wir bringen sie im Gebet vor Gott und geben dem Heiligen Geist eine Gelegenheit, fürbittend für sie einzutreten. Wir bringen die einzelnen Menschen mit ihren besonderen Umständen vor Gottes Thron, und der Heilige Geist in uns bekommt eine Chance, für sie zu bitten. Auf diese Weise befaßt sich Gott mit der ganzen Welt durch seine Heiligen.

Machen wir dem Heiligen Geist das Werk schwerer, indem wir zaudern oder versuchen, dieses Werk selbst für ihn zu tun? Wir stellen die menschliche Seite der Fürbitte dar und das sind die äußeren Umstände, in denen wir leben, und die Menschen, mit denen wir in Kontakt kommen. Wir brauchen nur dafür Sorge zu tragen, daß unser Bewußtsein und unsere äußeren Umstände Schrein des Heiligen Geistes bleiben. Wenn wir dann die einzelnen Menschen vor Gott bringen, bittet der Heilige Geist ununterbrochen für sie vor Gottes Thron. Der Heilige Geist tritt fürbittend für sie ein, doch wir müssen auch unseren Teil dazu beitragen. Wir besorgen die menschliche Seite, während er die göttliche Seite übernimmt. Darum sollten wir niemals vor den äußeren Umständen zurückschrecken.

Die unwandelbare Gewißheit seiner Berufung

„Denen, die nach seinem Ratschluß berufen sind." Unsere Fürbitte für andere nach dem Wort der Bibel: „Des Gerechten Gebet vermag viel, wenn es ernstlich ist" (Jakobus 5,16), klingt lächerlich, solange unser Denken nicht durch das Sühneopfer Christi und den Heiligen Geist erneuert ist. Dann aber wird es zu einer erstaunlichen Offenbarung der wunderbaren Liebe und Herablassung Gottes. In Jesus Christus kann er uns von der Sünde zerbrochenen, an der Sünde erkrankten, verkehrten Geschöpfe nach dem Empfang des Heiligen Geistes vollkommen erneuern, bis wir tatsächlich die Menschen sind, in denen der Heilige Geist fürbittend eintritt. Wir müssen nur unseren menschlichen Teil dazu beitragen.

Machen wir es dem Heiligen Geist leicht, Gottes Willen in uns zu wirken? Oder bemühen wir eingebildeten Christen uns, ihn durch die nichtssagenden Bitten unserer natürlichen Herzen immer nur auf die eine Seite zu ziehen? Zwingen wir selbst uns zu dem Gehorsam, daß all unsere Gedanken und Vorstellungen allein von unserem Herrn Jesus Christus gefangengenommen werden, so daß der Heilige Geist immer leichter durch uns wirken kann?

Vergessen wir nicht, daß die Fürbitte eines jeden von uns, den Umständen entsprechend, anders aussieht. Meine Fürbitte kann nicht deine sein und umgekehrt. Doch der Heilige Geist tritt fürbittend für uns alle ein. Ohne ihn würde unsere Fürbitte bald erlahmen. Vergessen wir ebenfalls niemals die Tiefe und Höhe und Würde unserer Berufung als Gottes Heilige.

In der Reihe
„Das erweckliche Wort — Klassiker"
liegt außerdem vor:

Paul Humburg

Ewige Erwählung und Von Grund auf edel

Bestell-Nr. 329 933, 96 Seiten

Zwei Schriften des bekannten Theologen (1878-1945).

Ewige Erwählung: Was hat es mit der Erwählung der Gläubigen „vor Grundlegung der Welt" auf sich? Der ewige Gnadenrat Gottes wird dargestellt als Quelle voll Trost und Glaubensermutigung.

Von Grund auf edel: Betrachtungen über Daniel 6. Auch hier behandelt der Verfasser den wunderbaren Rat Gottes. Es geht um die Wege und Führungen des Herrn mit Daniel.

Paul Humburg ist ein Mann, dem es um eine Sache geht: um das Evangelium, das Gottes Kraft zur Rettung von Sündern ist. Es geht ihm darum, einen Namen, eine Person zu bezeugen, groß und herrlich zu machen: Jesus Christus.

**Verlag der
Francke-Buchhandlung GmbH
Marburg an der Lahn**